国家社科基金特别委托项目

马克思主义新闻观十二讲

● 本书编写组

● 主　编　郑保卫
● 副主编　马胜荣　丁柏铨
● 编写组成员（以姓氏笔画为序）
毛　琦　叶　俊　史安斌　刘　洁　汪振军
张涛甫　陈开和　单　波　唐远清　樊亚平

高等教育出版社·北京

内容提要

本书由中宣部、教育部共同组织编写，是国家社科基金特别委托项目“马克思主义新闻观研究”的最终成果。

本书对马克思主义新闻观一系列重要问题作了言简意赅的专题性论述。第一讲统领全书，论述了学习和践行马克思主义新闻观的背景、意义、方法，梳理了马克思主义新闻观产生及其中国化的发展进程。其他十一讲涉及新闻工作的基本要求、新闻传播的客观规律、新闻事业的根本性质、党性和人民性及其关系、舆论导向、正面宣传、新闻真实、新闻传播权利与社会责任、新闻法治与道德规范、传播新技术对新闻传播的影响、国际传播等一系列重要问题，由此构成了马克思主义新闻观理论和知识体系的有机整体。

本书既可作为高校新闻传播学及相关专业学生学习马克思主义新闻观的专门教材，也可以作为新闻媒体等相关单位进行马克思主义新闻观教育的培训教材和广大新闻从业人员的自学教材。

本书可与案例教材《实践中的马克思主义新闻观——新闻报道经典案例评析》配套使用。

图书在版编目（C I P）数据

马克思主义新闻观十二讲 / 《马克思主义新闻观十二讲》编写组编. -- 北京 : 高等教育出版社，2019. 2（2025.5重印）
ISBN 978-7-04-050501-6

Ⅰ. ①马… Ⅱ. ①马… Ⅲ. ①马克思主义-新闻学-高等学校-教材 Ⅳ. ①A811. 67

中国版本图书馆 CIP 数据核字(2018)第 203820 号

Makesi Zhuyi Xinwenguan Shier Jiang

策划编辑 迟宝东 武 黎 责任编辑 赵懐简 封面设计 王 洋 版式设计 张 杰
责任校对 张 薇 责任印制 刘弘远

出版发行	高等教育出版社	网 址	http://www.hep.edu.cn
社 址	北京市西城区德外大街 4 号		http://www.hep.com.cn
邮政编码	100120	网上订购	http://www.hepmall.com.cn
印 刷	天津鑫丰华印务有限公司		http://www.hepmall.com
开 本	787mm×1092mm 1/16		http://www.hepmall.cn
印 张	13.25		
字 数	210 千字	版 次	2019 年 2 月第 1 版
购书热线	010-58581118	印 次	2025 年 5 月第 17 次印刷
咨询电话	400-810-0598	定 价	41.00元

本书如有缺页、倒页、脱页等质量问题，请到所购图书销售部门联系调换

物 料 号 50501-00

序　　言

呈现在读者面前的这本书，由中宣部、教育部共同组织编写，是国家社科基金特别委托项目课题“马克思主义新闻观研究”的最终成果，现在以《马克思主义新闻观十二讲》为名，由高等教育出版社出版。

设立此项目和编写此教材，旨在通过论述学习和践行马克思主义新闻观的背景及意义，阐释马克思主义新闻观的内涵及要点，帮助新闻从业人员及新闻院校师生学习和掌握马克思主义新闻观的基本观点，学会运用马克思主义的立场观点方法去观察和分析新闻事件及各种新闻现象，回答和解决新闻工作中的各种理论与实践问题，同时增强道路自信、理论自信、制度自信和文化自信，增强政治定力，树立做好社会主义新闻工作的自觉性，努力提升新媒体环境下新闻宣传和舆论引导的能力及水平，进而真正成为牢固树立马克思主义新闻观，能够担当民族复兴大任，具有良好新闻职业道德，具备全媒体工作能力的党和人民放心的优秀新闻人才。

在项目研究和教材写作过程中，我们力求以马克思主义为指导，以当下全球化、信息化、媒介化、数字化的时代特征为背景，立足中国国情、社情，从当前我国新闻工作实际和新闻院校学生思想状况出发，使本教材能够适应时代要求、满足实际需要。

中国共产党自诞生以来，始终把马克思主义作为指导我们一切工作的科学理论，作为引领我们不断前进的思想旗帜。在新闻领域，则始终把由马克思恩格斯创立奠基、列宁继承发展的马克思主义新闻观作为指导思想，并结合中国实际将其不断中国化、时代化和大众化，形成了当代马克思主义新闻观的一系列新成果。

党的十八大以来，以习近平同志为核心的党中央高度重视宣传思想工作和新闻舆论工作，将其视为治国理政、定国安邦，事关党和国家前途和命运的大事，并且反复强调马克思主义新闻观是灵魂，是旗帜，是定盘星，在党的宣传思想工作和新闻舆论工作中有着极端重要的地位。特别是2016年2月19日在党的新闻舆论工作座谈会上，习近平总书记更是明确提出要把马克思主义新闻观作为新闻工作的基本遵循，并把坚持马克思主义新闻观作为他提出的新闻工作需要做到的“四个牢牢坚持”（牢牢坚持党性原则、牢牢坚持马克思主义新闻观、牢牢坚持正确舆论导向、牢牢坚持正面宣传为主）中的一个，要求新闻战线深入开展马克思主义新闻观教育。

本项目研究和教材写作，正是在党的十八大以来，习近平新时代中国特色社会主义思想形成过程中进行的。为了尽可能充分、全面地反映最新理论成果，项目组和写作组及时吸纳习近平总书记关于党的宣传思想工作和新闻舆论工作的一系列新思想新观点新论断，用以充实和更新书稿内容，从而使本教材能够紧跟时代发展，紧密联系实际，全面、准确地反映出马克思主义新闻观中国化的最新发展进程。

“马克思主义新闻观”，作为一种科学的理论体系，是世界无产阶级新闻事业实践和经验的科学总结，是马克思主义新闻思想与理论的高度概括。本教材的编写宗旨就是要全面阐述马克思主义新闻观的理论观点及思想体系，特别是要结合中国社会主义新闻事业改革发展的丰富实践，总结其历史经验及理论成果，充分展现它的科学性和真理性。尤其是要充分体现中国共产党在长期实践中，特别是在改革开放实践中所形成的中国特色社会主义新闻观，其本身就是一种科学理论，它总结和体现了社会主义新闻工作的基本原理和一般规律，是指导当前我国新闻工作的科学的新闻观。

正是基于这一思想，本教材对马克思主义新闻观，特别是中国共产党人新闻观所涉及的一系列重要问题作了言简意赅的专题性论述。全书共十二讲，从各讲的标题看，所涉及的内容都是社会主义新闻工作的基本原理、重要原则和一般规律，这些都是马克思主义新闻观的重要内容。

第一讲相当于绪论，论述了学习和践行马克思主义新闻观的背景、意义及方法，梳理了作为科学新闻观的马克思主义新闻观产生及其中国化的发展进程，起到了统领全书的作用。第二讲至第四讲涉及新闻工作的性质地位、基本要求和客观规律；第五讲至第八讲论述了社会主义新闻工作的基本方针和重要原则，包括党性和人民性相统一、正确舆论导向、正面宣传为主、新闻真实等内容；第九讲至第十二讲涉及新闻传播权利与社会责任、新闻法治与道德规范，传播新技术对新闻传播的影响，以及对外传播与国际传播等，由此构成了马克思主义新闻观理论和知识体系的有机整体。

这里需要说明的是，“做党和人民放心的新闻工作者”是马克思主义新闻观中一个十分重要的观点。但考虑到全书中的许多内容都涉及人才培养和队伍建设问题，因此将该方面内容融入了其他相关部分，没有单独列为一讲。

作为教材，我们建议老师们在教学时可以把十二讲分为十六次课来讲。其中，第一讲因为要梳理马克思主义新闻观形成和发展的过程，需要介绍马克思、恩格斯、列宁，以及中国共产党几代领导人的新闻观，内容较多，而且又是基础性知识，因此可以分两次讲。第六讲舆论导向部分，既要讲透正确舆论导向的内涵及要求，还要结合典型案例讲好“时度效”问题，内容很重要，也可以分两次讲。第九讲关于新闻传播权利部分，因为涉及新闻自由与社会责任问题，需要结合马克思主义新闻观与西方新闻观的比较来讲，内容较多；第十讲涉及新闻法治和道德规范两个重要问题，都可以分两次讲。

马克思主义新闻观课程，不是一般的知识性专业课程，而是带有鲜明思想性、政治性和实践性的专业课程，同时也是以马克思主义政治经济学和哲学等基本理论作支撑的专业课程，因此，在讲授过程中，要尽可能讲清楚马克思主义新闻观的基本观点是同马克思主义的其他理论和当前我国社会主义新闻工作实践紧密联系的，同时还要尽可能联系当前国内国际形势，以及我国新闻工作实践和学生思想实际来进行案例教学。

考虑到篇幅问题，本教材很少引用案例，个别案例通过二维码作了链接，更多的是把案例教学的主动权留给老师，让老师们可以根据教学需要，随时收集和运用最新案例开展教学，也可以让学生根据自己的实践体验来参与教学过程。

我们希望本书的出版能够对加强我国新闻队伍的思想建设，推动全国新闻院校和新闻业界马克思主义新闻观的学习教育活动，提升广大新闻工作者的政治素质和思想水平起到积极作用。同时，对于加强和改进我国马克思主义新闻观的理论研究和教育教学也能够起到一定示范和引领作用。

我们欢迎各位读者，特别是使用教材的老师和同学能够对本书提出意见和建议，以便我们及时修订、补充和完善。

本书编写组

2019 年 1 月 5 日

目　　录

第一讲　学习和践行马克思主义新闻观

学习和践行马克思主义新闻观，是我国新闻战线内强队伍素质、外树队伍形象，进一步提高新闻舆论传播力、引导力、影响力、公信力，更好地应对国内外形势变化和适应国际传媒竞争的需要。

实践证明，学习和践行马克思主义新闻观，特别是把握马克思主义新闻观中国化的最新成果，对于新闻工作者坚持正确政治方向，把握社会主义新闻工作方针原则和职业规范，完成好党和人民赋予的职责和使命有着重要指导意义。

2016 年 2 月 19 日，习近平总书记在党的新闻舆论工作座谈会上指出：“新闻观是新闻舆论工作的灵魂。要深入开展马克思主义新闻观教育，引导广大新闻舆论工作者做党的政策主张的传播者、时代风云的记录者、社会进步的推动者、公平正义的守望者。”① 而且他把“马克思主义新闻观”同“党性原则”“正确舆论导向”“正面宣传为主”一并作为“四个牢牢坚持”，体现了坚持马克思主义新闻观的重要性。

拓展资料

习近平总书记在党的新闻舆论工作座谈会上的讲话

每个新闻工作者都应该把学习马克思主义新闻观作为必修课，作为做好新闻工作的看家本领，认真、深入地学习和践行。

① 《习近平在党的新闻舆论工作座谈会上强调　坚持正确方向创新方法手段　提高新闻舆论传播力引导力》，《人民日报》2016 年 2 月 20 日。

第一节　学习和践行马克思主义新闻观的背景及意义

持续深入地开展马克思主义新闻观学习教育活动，有助于新闻工作者增强政治意识、大局意识、核心意识、看齐意识，自觉以马克思主义新闻观，特别是以当代马克思主义新闻观中国化的最新成果，即习近平关于宣传思想工作和新闻舆论工作的一系列重要论述为基本遵循，加强思想道德修养，勤奋敬业，开拓创新，提高抵制西方新闻观负面影响的能力，更好地履行自己的职责和使命，做党和人民放心的新闻工作者。

一、学习和践行马克思主义新闻观的时代背景

（一）新闻队伍建设急需加强

新闻事业所肩负的职责和使命，决定了我国新闻媒体及其从业人员必须以良好的精神状态和思想面貌投入新闻工作。从当前我国新闻队伍存在的问题看，要顺利完成这些使命和任务还需要付出很大努力。

总体看，我国新闻队伍是一支有水平、能吃苦、经得起实践考验和值得党和人民信赖的队伍。然而，也有一些人由于缺乏必要的实践锻炼和政治考验，特别是在市场经济环境中和新媒体条件下，对党的新闻工作的优良传统体会不深，马克思主义新闻观的理论根底打得不牢，因而容易受到各种社会思潮包括西方文化思潮和新闻观的影响，以至于在关键时刻政治上把握不住方向。还有个别人政治信仰迷茫，理想信念模糊，价值取向扭曲，缺乏社会责任感，做出一些违背社会伦理和职业规范，甚至违反国家法律法规的事情。

这说明，开展马克思主义新闻观学习教育活动，是加强新闻队伍思想建设的现实需要，是一项势在必行的迫切工作。

（二）意识形态领域形势复杂

习近平在 2013 年全国宣传思想工作会议上指出：“意识形态工作是党的一项极端重要的

工作”①。这一讲话，站在党和国家事业发展全局的战略高度，指明了意识形态工作引领社会、凝聚人心、推动发展的强大支撑作用，指出意识形态工作事关党的前途命运，事关国家长治久安，事关民族凝聚力和向心力。

历史证明，凡革命要获得成功、事业要持续发展、政党要执政兴邦，都须牢牢把握意识形态阵地。而一切敌对势力要颠覆一个政权、搞乱一个国家也往往是先从意识形态领域打开缺口，攻破对方的思想防线。

当前我国面临的国内外形势复杂多变，需要我们保持清醒认识。从国内看，改革发展进入攻坚阶段，各种利益关系日益复杂化，各种深层次问题引发的矛盾冲突时有发生，社会风险频频出现。这些问题反映到意识形态领域，使人们思想活动的独立性、选择性、多变性、差异性明显增强，各种话语表达空前活跃，各种思想意识的争论与交锋此起彼伏，意识形态领域常有暗流涌动，其造成的影响不容忽视。

从国际看，世界范围内各种思想文化交流、交融、交锋更加频繁，西方一些敌对势力对我国实施“西化”“分化”的战略图谋始终没有改变，它们与我国在渗透与反渗透、颠覆与反颠覆方面的斗争将是长期和复杂的。特别是我国实行对外开放政策后，与境外的交流更加频繁，许多西方文化和价值观进入我国，这难免会出现鱼龙混杂、泥沙俱下的情况。其中，一些消极、有害的文化价值观念在社会上和群众中，特别是在青少年中产生了不少负面影响。而在新闻传播领域，西方一些消极、有害的新闻观也在潜移默化地侵蚀和影响着某些新闻从业人员和新闻院校的师生，致使他们对社会主义新闻工作中的一些基本理论问题认识不清，是非模糊，理想信念出现动摇。

上述情况说明，我国意识形态领域形势复杂而严峻。在此情况下，我们需要按照党的十九大精神，牢牢掌握意识形态工作领导权，坚持用马克思主义占领宣传思想文化阵地，用马克思主义新闻观来武装新闻工作者和新闻院校师生的头脑，使从事新闻工作的人员和学习新闻学的学生真正成为牢固树立马克思主义新闻观的优秀人才。

（三）国际新闻传媒竞争激烈

当前，世界经济政治形势正在发生急剧变化，媒体格局和舆论格局也面临着重大调

① 《学习习近平总书记8·19重要讲话》，人民出版社2013年版，第1页。

整与变革，呈现出许多新的特征。以往由少数大国完全主导和垄断国际新闻信息传播的格局正在发生变化，这就为广大发展中国家传媒业改变以往落后状况，实现跨越式发展提供了机遇。但由于世界新闻信息传播领域仍然存在着发展不平衡和“数字鸿沟”等情况，因而发展中国家维护文化信息安全依然面临巨大挑战。

从总体上看，当前西强东弱的世界媒体格局和新闻信息传播状况并没有从根本上得到改变。在世界范围内，国际新闻信息依然按照发达国家一些主要媒体的标准采集、筛选、编制和传播，这是一种不合理的新闻信息传播格局。

我国传媒业在改革开放政策的引领和新媒体技术的推动下，最近几十年来获得快速发展，但从整体实力看，与世界传媒强国间的差距仍然较大。我们的信息传播力依然不强，国际话语权还比较弱，影响力也还很有限，国家形象被国外媒体歪曲的现象依然存在。总之，在激烈的传媒竞争中，特别是在国际新闻传播竞争中，我们还处在不利地位。

媒体竞争关键是人才竞争，媒体优势核心是人才优势，拥有一支政治过硬、本领高强、求实创新、能打胜仗的新闻工作者队伍，是取胜的关键。面对当前世界媒体格局变化和我国传媒业发展的现实情况，以马克思主义新闻观为指导，大力提高我国新闻从业人员的素质和能力，造就一大批立足中国、放眼世界、思想过硬、业务高超的新闻传播人才已是迫在眉睫的事情。

二、学习和践行马克思主义新闻观的现实意义

（一）破除“过时论”影响，提高学习和践行的自觉性

一谈起学习马克思主义新闻观，常会听到一些人说，马克思离开我们都一百多年了，还学习马克思？到底如何看待学习马克思主义新闻观是不是“过时”、是不是有用，需要首先解决一些认识上的问题。

1848 年，科学社会主义的奠基人马克思和恩格斯以其不朽著作《共产党宣言》宣告了马克思主义的诞生。从此，马克思主义作为一种科学的世界观和方法论，成为指导世界各国无产阶级及广大民众进行无产阶级和社会主义革命的强大思想武器。正如习近平所指出的：“在人类思想史上，还没有一种理论像马克思主义那样对人类文明进步产生了如

此广泛而巨大的影响。”①

1999年新千年到来之际，在西方国家媒体组织的“千年思想家”评选中，马克思名列前茅，被誉为“千年第一思想家”。这说明，国际社会是把马克思作为人类最伟大的思想家和理论家来看待的，把他的理论创造看作人类思想文明的优秀成果。

应当承认，马克思主义新闻观的奠基者和创立者关于新闻工作的许多论述，都是针对当时新闻工作的实际需要提出来的，主要是适应他们所处的时代和历史时期无产阶级及其政党新闻工作的实际需要，因而带有明显的历史印迹和时代特征。但作为伟大的思想家和理论家，他们非凡的思想智慧和政治洞察力、卓越的科学思维和理论概括力，常常能穿越历史的时空，洞见社会的内核，揭示事物的本质，对发生在当时的某一事件、出现的某一现象作出精辟的历史阐释，提出独到的理论见解，成为能够体现和反映事物内在品质的科学结论，从而具有了普遍意义。

他们针对当时发生的一些新闻事件、出现的一些新闻现象、面对的一些新闻实践所作的分析与阐释，特别是对无产阶级和社会主义新闻事业的性质、任务、工作原则和工作方法所进行的阐述，大都揭示了新闻工作特别是无产阶级和社会主义新闻工作的基本原理及内在规律，具有鲜明的科学性和实践性，有着强大的生命力。这些理论原理和科学方法对于我们今天的新闻工作依然具有实践价值和指导意义。

另外，马克思主义新闻观本身就是一个开放的体系，是与时俱进，不断创新和发展的。以中国共产党人为代表的当代马克思主义者，结合当前新闻工作，特别是新媒体环境下新闻工作的新变化新特点所阐释的许多新的理论观点，成为马克思主义新闻观最新的理论成果。这些具有时代特点和体现当代水平的理论成果，其实践价值和指导意义更是无可置疑。这说明，马克思主义新闻观是当代的而不是过时的，是实用的而不是空泛的，是先进的而不是落伍的。

因此，我们要消除“过时论”的消极影响，领悟马克思主义新闻观的奠基者和创立者关于新闻工作一系列基本理论观点在当前形势和现实环境中的理论价值及实践意义，要将其作为社会主义新闻工作的基本原理、原则和方法，作为新闻工作者的立身之本、执业之基，自觉地学习、遵循和运用，而不应仅仅将其作为一般的新闻知识和新闻学观

① 习近平：《在哲学社会科学工作座谈会上的讲话》，人民出版社2016年版，第9页。

点来看待，特别是要善于运用当代马克思主义新闻观中国化的最新理论成果来指导当前的新闻实践。

（二）掌握基本立场观点，解决队伍建设的实际问题

总结近些年来我国新闻队伍建设中所出现的问题和失误，大都同一些人背离马克思主义新闻观有关。而学习和践行马克思主义新闻观，可以用其基本立场和观点来解决这些问题。

首先，学习和践行马克思主义新闻观有助于新闻工作者增强政治意识和党性观念。在错综复杂的国内国际环境和千变万化的现代社会生活中，它是人们认识和把握事物内在品质及客观规律的重要依据和原则。马克思主义经典作家对新闻工作者的政治意识和党性观念都有深刻的阐释。

有些新闻工作者政治意识淡薄，把政治立场和政治纪律置之脑后，不负责任地刊发与党和国家政策主张相违背的报道和言论，给党和政府的工作带来被动，给人民的事业造成损失。实践说明，新闻工作者只有用马克思主义新闻观作指导，才能自觉增强政治意识和党性观念，在思想上、政治上和组织上与党中央保持一致，做一个有坚定政治立场和鲜明党性观念的人。

其次，学习和践行马克思主义新闻观还有助于防止道德滑坡和职业腐败。近些年来，由于不规范的市场秩序和社会不正之风的冲击，加之自身放松要求、随波逐流，致使一些新闻单位和新闻工作者频频出现违反新闻职业道德规范的现象，有的情况还很严重。学习和践行马克思主义新闻观可以帮助新闻工作者自觉地把新闻工作作为为人民服务、为社会主义服务的事业，努力做一个勤奋敬业、廉洁奉公的人。

总之，马克思主义新闻观有着鲜明的实践性和强大的生命力，新闻工作者只有把马克思主义新闻观作为必修课，作为自己的立身之本、执业之基，坚持用马克思主义新闻观作指导，才能始终站在党和人民的立场，自觉坚持正确的政治方向、舆论导向、新闻志向和工作取向，勤奋敬业，严以律己，把自己锻炼成为品德高尚、富有政治使命感和社会责任感的、能够担当民族复兴大任的社会主义新闻工作者。

第二节　马克思主义新闻观是科学的新闻观

要学习和践行好马克思主义新闻观，首先需要认识其科学性。马克思主义新闻观是马克思主义的世界观、人生观和价值观在新闻传播领域的反映和体现，是马克思主义对新闻工作的科学认识。

马克思主义新闻观自创立以来，经历了一个长期的历史发展过程，是马克思主义者在科学认识无产阶级和社会主义新闻工作的过程中逐渐发展起来的。

一、马克思主义新闻观是马克思主义对新闻工作的科学认识

马克思主义新闻观，是马克思主义对新闻现象和新闻传播活动的总的看法及规律性认识，它涉及新闻工作的一系列根本性问题，其核心是马克思主义关于无产阶级及其政党新闻事业和社会主义新闻事业根本性质、工作原则及运行规律等重要问题的基本观点。

因此，学习和践行马克思主义新闻观，就是要学会用马克思主义的世界观、人生观和价值观来观察、分析一切新闻现象和新闻传播中的各种理论与实践问题，就是要坚持以马克思主义新闻观为指导来做好新闻工作。

（一）马克思主义新闻观是一个开放创新的理论体系

马克思主义新闻观作为一种科学的新闻观不是一个封闭保守的理论体系，而是一个开放创新的理论体系。它兼收并蓄，广采博取各种人类文明成果，并且不断用新的理论和实践对自身进行充实完善和创新发展。

马克思和恩格斯在创立其新闻观的过程中注意吸纳资产阶级新闻理论的积极成果，并根据自己的实践和思考赋予其新的理论内涵，从而从本质上加以区别。例如同是讲新闻自由问题，他们就强调新闻自由的阶级属性，强调新闻自由实现的条件，同时批判资产阶级对无产阶级新闻自由的限制和剥夺等。

马克思主义新闻观的开放创新还表现在对无产阶级新闻理论的继承和发展上。它总

是根据无产阶级及其政党在不同历史时期和发展阶段的新闻工作性质任务的变化，用新的理论和实践来充实完善和创新发展自己。例如列宁就依据俄国社会民主工党创办机关报为建设无产阶级独立政党的需要，提出要创办“政治性机关报”，并作出了“报纸不仅是集体的宣传员和集体的鼓动员，而且是集体的组织者”① 的论断。他还根据十月革命后俄国创建世界上第一个社会主义国家所面临的经济建设的迫切任务，提出党报要实现工作重点由政治宣传向经济宣传转移，以及要加强社会主义经济宣传等一系列新闻观点。

同样，正是中国共产党经历了许多不同于马克思、恩格斯和列宁时期的革命斗争和新闻工作实践，才有了中国共产党人对新闻事业党性立场、导向作用、群众路线和实事求是作风等问题的独特理解。因此，一些人用形而上学的观点把马克思主义新闻观看作一种僵化的、缺乏活力的“过时理论”，是不符合马克思主义新闻观在开放条件下不断充实完善和创新发展的实际情况的。

（二）马克思主义新闻观是一个完整科学的理论体系

马克思主义新闻观虽然处在不断充实完善的过程中，但其基本理论和基本观点有着严格的科学性和一以贯之的连续性。许多理论观点一脉相承，代代相传，形成了一个较为完整、科学的理论体系和知识体系。

因此，我们学习马克思主义新闻观要防止教条主义和形式主义的倾向，防止急功近利的实用主义的做法，要杜绝任意抓住马克思主义经典作家新闻论述中的片言只语断章取义地加以引用。

例如从完整、科学的意义上说，严格的党性应当既包括新闻事业要对党负责，也包括新闻事业要对人民负责；既包括新闻事业要接受和服从党的领导，严格按照新闻政策和宣传纪律办事，始终同党中央保持思想、政治和行动上的一致，也包括要鼓励新闻机构及新闻工作者的主动性和创造性，按照新闻规律做好新闻工作。任何否定和排斥党性原则的做法都是错误的，而无视党性原则完整、科学的内涵，仅仅将其简单地理解为“组织服从”“紧跟照办”，不顾群众需要和实际条件，只知“跟风走”的做法同样是错误的。

---

① 《列宁全集》第5卷，人民出版社1986年版，第8页。

总之，要用科学的态度和正确的方法，完整、准确地理解和把握马克思主义新闻观的理论体系和基本观点，深刻领会其精神实质。要注意将它放在特定时代背景和历史条件下去分析其价值和意义，同时努力揭示其本质的、内在的、带有共同规律性的东西，以维护其科学性和完整性。

（三）马克思主义新闻观源于实践又指导实践

马克思主义新闻观是时代的产物和实践的结果，是无产阶级及其政党在长期的新闻工作实践中通过科学总结和高度概括得来的。它始终源于新闻实践，同时又指导新闻实践，为新闻实践服务。因此，不应该将它看作纯粹“概念性”和“理论性”的东西，更不该把它视为“空头理论”，否定它的实践指导意义。可以说，指导实践是马克思主义新闻观科学性和生命力之所在。

我们应当自觉地运用马克思主义新闻观来指导当前的新闻工作实践，来规范自身的新闻传播行为。要看到，在日常新闻实际工作中，从采写编制到传播发布，从业务操作到经营管理，从队伍建设到行业规范，等等，都需要用马克思主义新闻观作指导。

马克思主义新闻观的上述特点，充分说明了它的科学价值和现实意义，同时也是我们开展马克思主义新闻观学习教育活动的依据。

二、马克思主义新闻观经历了长期的科学发展过程

顺应时代需要、反映时代主题、揭示时代本质、体现时代精神，是科学理论创造的一个显著特征。马克思主义新闻观就经历了这样一个顺应时代发展需要、与时俱进的科学发展过程。

（一）马克思恩格斯创立了马克思主义新闻观

作为无产阶级革命家，马克思和恩格斯的政治活动始终与一系列有声有色的报刊活动相伴随。马克思和恩格斯一生中创办、主编和参加编辑的报刊有十余家，指导过的报刊有数十家，其中他们在1848年欧洲革命中创办的《新莱茵报》被列宁称为“革命无产阶

级最好的机关报”①。他们通过对自己报刊活动实践的总结和对新闻事业一般规律的理解，提出并创立了马克思主义新闻学的基本理论，奠定了马克思主义新闻观的思想理论基础。

马克思和恩格斯在创立无产阶级新闻观的过程中，吸收和借鉴了一些资产阶级阐释新闻传播基本原理和一般规律的理论观点，这成为其新闻观的基础。而他们一生的主要精力是用于指导无产阶级革命运动和共产主义运动，因此在他们的新闻观中关于无产阶级及其政党报刊的理论论述占了很大比重。正是这些理论论述奠定了马克思主义新闻观的基础，构成了马克思主义新闻观的主要内容。

马克思和恩格斯关于党报工作的主要观点包括：党报党刊是党的重要思想武器和政治阵地，是党存在和发展的标志；党报党刊必须遵守和阐述党的纲领和策略，按党的精神进行编辑工作；党报党刊应当真正代表和捍卫无产阶级和人民大众的利益，成为他们自己的报纸；党报党刊要成为党内批评的强大武器，敢于开展新闻批评是一个党有力量的表现；党报党刊要处理好与党的领导机关的关系，在党的领导和监督下开展工作；党组织要加强对党报党刊工作的领导和监督；等等。

马克思和恩格斯的新闻观自形成后便显现出强大的生命力，作为一种科学的新闻观，成为世界无产阶级及其政党新闻事业的工作指南，同时也成为马克思主义新闻观的理论基石。

（二）列宁继承发展了马克思主义新闻观

列宁在继承马克思和恩格斯新闻观的基础上，结合自己创办无产阶级党报为建党、夺权和建设社会主义国家而斗争的新实践新经验，丰富和发展了马克思主义新闻观，将其推进到了一个新的阶段。

列宁作为职业革命家，一生中的大部分活动都同报刊活动有关。他亲自创办、主编和参加编辑的报刊有 30 多家。报刊成为他从事革命活动得心应手的工具，而他对马克思主义新闻观的丰富和发展正是依赖于他的报刊活动实践。

列宁对马克思主义新闻观的丰富和发展集中体现在以下方面：

一是集中阐述了党报的宣传、鼓动和组织作用，突出强调其组织功能和作用。他创

① 《列宁全集》第 21 卷，人民出版社 1959 年版，第 60 页。

办的《火星报》和《真理报》，就成为俄国布尔什维克党组织和发动群众开展革命、夺取政权的强大武器。

二是明确提出并系统阐述了党报的党性原则，强调了党对党报的领导和监督责任。他在《党的组织和党的出版物》一文中，对党报党刊为什么要坚持党性原则和怎样坚持党性原则作了全面论述。他提出的党报党刊是无产阶级总的事业的一部分，应当接受党的领导和监督等重要观点，为后来各国无产阶级政党报刊指出了坚持党性原则的方向和路径。

三是在俄国十月革命胜利、无产阶级取得政权后，领导党和苏维埃报刊实现了工作重点由报道战争向报道建设、由政治宣传向经济宣传的战略转移，并对如何做好经济宣传作了具体的理论阐释。

列宁的新闻观对于取得政权后的无产阶级政党搞好社会主义经济宣传具有重要指导意义，成为社会主义新闻理论的重要组成部分。这是列宁对发展马克思主义新闻观作出的历史性贡献。

马克思主义新闻观在马克思、恩格斯创立奠基和列宁继承发展之后，成为世界各国无产阶级新闻事业的理论指南。作为一种科学的理论，它不同于西方国家以自由主义理论为基础的传统新闻观，也不同于西方国家以大众传播为依据的当代传播观，而是有其独特的理论内涵，对此我们要有一个正确的认识。

中国共产党自成立以来，就始终以马克思主义新闻观作为指导党的新闻工作的理论基础，同时立足中国国情，结合自身实践，不断丰富创新，使之实现了中国化发展。

第三节　马克思主义新闻观的中国化发展

我们学习和践行马克思主义新闻观，很重要的一点就是要了解马克思主义新闻观的中国化发展过程及其所取得的理论成果，并结合当前我国新闻工作实际来学习和运用。

在我国，以毛泽东为主要代表的中国共产党人以马克思恩格斯列宁的新闻观作为理论基础，认真总结自身运用报刊指导革命战争、政权建设，指导社会主义经济建设、改革开放及现代化建设事业等方面的经验，丰富和创新了马克思主义新闻观，并在创建中国特色社会主义新闻理论方面做了许多开创性的工作，使马克思主义新闻观实现了当代发展，进入了一个与时俱进、内涵丰富、特色鲜明的中国化时代。

一、毛泽东开启了马克思主义新闻观中国化的进程

马克思主义新闻观中国化的进程是由毛泽东开启的。毛泽东是中国共产党的创始人和革命领袖，是伟大的无产阶级政治家、思想家和革命家，同时也是一个杰出的新闻宣传家和报刊活动家。他从青年时代创办《湘江评论》开始，一生与报刊结下了不解之缘。他一向重视报刊宣传工作，将报刊视为“拿笔的军队”，并娴熟地运用报刊宣传革命、发动群众、组织斗争、指导工作，推动各项事业发展，积累了丰富的报刊宣传经验。

在长期的革命斗争和政权建设实践中，毛泽东根据我国政治、经济和社会状况的不同特点，以及中国共产党所肩负的特殊使命，对党报的性质、任务、功能、工作原则等作出了许多精辟的理论概括，阐述了党如何运用新闻媒介和舆论手段，在建设共产党、开展政治斗争、建立革命根据地、武装夺取政权、创建人民民主专政国家，以及进行社会主义革命和建设的过程中，发挥好新闻宣传和舆论引导作用，逐渐形成了自己独特的新闻观，从而深化和发展了马克思恩格斯列宁的新闻观。

毛泽东新闻观的核心内容是“政治家办报”。他明确提出新闻工作要实行政治家办报。他从无产阶级政党性质和革命事业发展角度强调新闻工作的党性原则，要求党的报刊要无条件地宣传中央的路线和政策，而实行政治家办报，是其党性原则理论的重要内容。在他看来，唯有政治家办报，才能站得高、看得远、立得稳，才能保证党的报刊真正坚持党的纲领路线方针政策，坚持社会主义的道路，不偏离方向，也才能真正坚持好党性原则。

毛泽东的新闻观，是马克思主义新闻观与中国共产党新闻工作具体实践相结合的产物。它将马克思主义新闻观推进到了以中国共产党人的新闻观为主要内容和基本标志的新的历史阶段，开启了马克思主义新闻观中国化的进程，长期以来一直是我国新闻工作重要的指导思想。后来邓小平、江泽民、胡锦涛、习近平等党的领导人有关新闻工作的理论观点都是在继承毛泽东新闻观的基础上，与时俱进，创新发展起来的。

二、邓小平对马克思主义新闻观中国化的贡献

作为党的第二代领导集体的核心，邓小平在我国社会主义事业发生重大转折的紧要关头发挥了重要作用。他的一系列新闻工作论述是在我国进入改革开放和社会主义现代化建设这一特定历史阶段后，对社会主义新闻实践的理论概括。

邓小平根据改革开放时期我国经济、政治、文化和社会发展的需要，对新闻事业的地位、使命，以及工作原则和方法等作了新的理论概括。他领导我国新闻事业实现了工作重点由政治宣传向社会主义经济建设宣传的战略转移，并提出新闻工作要为党和国家改革开放的总方针服务，要把社会效益放在第一位，坚持社会效益与经济效益的统一等观点。

邓小平新闻工作论述的核心内容是“思想中心”说。1980 年，他针对当时社会上一些群众中存在的思想混乱、信念动摇的现实状况，提出新闻媒体应当成为“全国安定团结的思想上的中心”①，要旗帜鲜明地宣传和维护四项基本原则，消除各种形形色色思潮对群众的消极影响。这就确保了在粉碎“四人帮”后，我国新闻媒体能够紧紧围绕党和国家改革开放的总方针和经济建设的中心任务，发挥思想引导和政治保障的作用。邓小平的“思想中心”说，是其深化和发展马克思主义新闻观的重要体现。

三、江泽民对马克思主义新闻观中国化的贡献

江泽民作为党的第三代领导集体的核心，从当时党和国家所面临的内外形势以及社会主义事业改革发展的实际需要出发，对社会主义新闻事业的历史传统、基本原则，以及在改革开放和实行社会主义市场经济新形势下的新使命、新任务作了许多新的理论阐释，澄清了当时新闻界许多人对一些基本新闻理论问题的模糊认识，为中国共产党人的新闻观进一步继承传统、开拓创新开创了新的局面。

江泽民新闻工作论述的核心内容是“舆论导向”论。他关于新闻工作的一系列讲话

---

① 《邓小平文选》第 2 卷，人民出版社 1994 年版，第 255 页。

始终贯穿这一重要内容。他是从改革开放新时期和市场经济条件下新闻工作在促进国家发展、社会稳定中的重要地位出发来阐述舆论导向问题的。他把新闻工作看作党的生命的一部分，是党和国家前途和命运所系的工作，提出了“舆论导向正确，是党和人民之福；舆论导向错误，是党和人民之祸”① 的重要观点，并且强调新闻媒体要以正确的舆论引导人。

四、胡锦涛对马克思主义新闻观中国化的贡献

党的十六大之后担任总书记的胡锦涛集中阐述了信息化时代，党和政府如何运用新闻宣传和舆论手段来改善执政环境，提升执政能力，增强执政效果，促进各项事业科学发展，以及新闻传媒如何适应新媒体发展的需要，加速自身发展的问题。他强调新闻工作要体现“以人为本”，要坚持“贴近实际、贴近生活、贴近群众”② 方针，为新闻媒体找准新闻源头和新闻工作者转变工作作风确定了正确方向、路径和方法。

胡锦涛新闻工作论述的核心内容是“舆论引导能力建设”。他把新闻宣传作为党的执政资源，把提升舆论引导能力作为党的执政能力建设的重要内容，提出要构建定位明确、特色鲜明、功能互补、覆盖广泛的舆论引导新格局；要增强新闻报道的亲和力、吸引力、感染力；要统筹国内国际两个方面，做到立足国内，面向世界，不断提高国际新闻报道的质量和时效；新闻媒体要按照新闻传播规律办事，要切实承担社会责任等。

五、习近平对马克思主义新闻观中国化的贡献

习近平作为党的十八大之后新一代领导集体的核心，十分重视新闻宣传和舆论工作，把它看作是党治国理政、定国安邦的一件大事。他从党和国家事业发展全局出发，深刻阐述了新闻舆论工作的性质地位、职责使命、基本方针、重要原则、创新理念、发展路径、人才培养、队伍建设、党的领导等一系列重大理论和实践问题，并提出了一系列反映我国宣传思想和新闻舆论工作客观规律的新思想新观点新论断。特别是他在 2016 年党

① 《江泽民文选》第 1 卷，人民出版社 2006 年版，第 564 页。
② 《胡锦涛文选》第 2 卷，人民出版社 2016 年版，第 77 页。

的新闻舆论工作座谈会讲话中提出了“高举旗帜、引领导向，围绕中心、服务大局，团结人民、鼓舞士气，成风化人、凝心聚力，澄清谬误、明辨是非，连接中外、沟通世界”的 48 字职责和使命①；他在 2018 年全国宣传思想工作会议上提出了“九个坚持”，即坚持党对意识形态工作的领导权，坚持思想工作“两个巩固”的根本任务，坚持用新时代中国特色社会主义思想武装全党、教育人民，坚持培育和践行社会主义核心价值观，坚持文化自信是更基础、更广泛、更深厚的自信，是更基本、更深沉、更持久的力量，坚持提高新闻舆论传播力、引导力、影响力、公信力，坚持以人民为中心的创作导向，坚持营造风清气正的网络空间，坚持讲好中国故事、传播好中国声音。② 这些重要论述，为新时代条件下，特别是在新媒体环境下遵循新闻传播规律，做好宣传思想和新闻舆论工作确定了基本依据和根本遵循。

拓展资料

举旗帜聚民心育新人兴文化展形象　更好完成新形势下宣传思想工作使命任务

习近平关于新闻工作的重要论述的核心内容是关于“人民至上”“党媒姓党”和“党性和人民性相统一”的观点。他强调要把人民放在心中最高位置，要树立以人民为中心的工作导向，要把实现好、维护好、发展好最广大人民根本利益作为出发点和落脚点。他提出党和政府主办的媒体是党和政府的宣传阵地，必须姓党；都要体现党的意志、反映党的主张，维护党中央权威、维护党的团结，做到爱党、护党、为党；都要增强看齐意识，在思想上政治上行动上同党中央保持高度一致；都要坚持党性和人民性相统一，并强调党性和人民性从来都是一致的、统一的。

以毛泽东为代表的几代中国共产党领导人，始终根据我国党情、国情和新闻工作的实际需要，坚持与时俱进，不断丰富创新马克思主义新闻观，并赋予其鲜明的中国内涵及时代特色，是马克思主义新闻观中国化的具体体现和重要成果，是指引我国新闻舆论工作的思想旗帜。

第四节　把马克思主义新闻观作为社会主义新闻工作基本遵循

马克思主义新闻观是一种科学的新闻观，有其科学的理论体系和知识体系。中国特

① 《习近平谈治国理政》(第二卷)，外文出版社 2017 年版，第 332 页。
② 《习近平在全国宣传思想工作会议上强调　举旗帜聚民心育新人兴文化展形象　更好完成新形势下宣传思想工作使命任务》，《人民日报》2018 年 8 月 23 日。

色社会主义新闻观是马克思主义新闻观与我国社会主义新闻工作实践相结合的产物，是马克思主义新闻观中国化的具体体现。因此，我们要自觉地把它作为基本遵循，用以指导实际工作，并坚持在实践中学习践行和创新发展马克思主义新闻观。

一、马克思主义新闻观是社会主义新闻工作的基本遵循

（一）马克思主义新闻观为我国新闻事业确立基本工作原则

马克思主义新闻观阐释的是新闻事业，特别是无产阶级及其政党新闻事业和社会主义新闻事业的基本原理与一般规律，以及新闻工作的基本原则和要求，是规范和指导我国新闻工作的基本依据。因而不能把它作为一般的新闻理论知识和新闻学观点来对待，而应作为新闻工作的基本遵循。

马克思主义新闻观中的许多内容都带有原则性特点，例如真实性、党性、人民性，以及舆论引导、批评监督等，新闻媒体及新闻工作者应自觉地将其作为基本遵循，认真地付诸实践。

马克思主义新闻观是马克思主义的世界观、人生观和价值观在新闻传播领域的集中体现。新闻工作者应当坚持把它作为一种思想理念、价值观念和行为准则，自觉地运用它审视自己的工作，规范自己的言行。

例如，是把新闻工作作为党和人民的事业，还是将它视为新闻媒体及新闻工作者个人谋取一己之利的工具，这就是一个基本立场和原则问题，它决定新闻媒体是把追求经济效益作为出发点，还是把坚持社会效益放在首位；是一味迎合部分受众需要，追求市场“卖点”，传播消极负面的东西，还是以国家政治稳定、经济发展和社会文明进步大局为重，坚持正确舆论导向，传播积极、正面的东西，等等。这些都是不容含糊的原则性问题，需要用马克思主义新闻观作出分析和判断，进而采取正确的立场和方法来指导自己的行动。

（二）马克思主义新闻观为我国新闻从业者确立基本职业规范

马克思主义新闻观作为一种科学的新闻观，是我国新闻从业者从事新闻工作必备的基本理论素养，也是衡量新闻工作者的行为是否符合职业规范的重要标尺。它可以综合

考察和检验新闻工作者的政治立场、职业修养和业务能力。

近些年来，在我国新闻实践中，虚假报道屡禁不止、“有偿新闻”时有发生、低俗之风难以根治、新闻敲诈歪风蔓延。这些违反新闻职业道德的行为，不仅给新闻媒体和新闻工作者的形象与声誉造成负面影响，损害了新闻媒体的公信力，而且还影响到社会风气，甚至会危及整个新闻业的健康发展。

这些违反职业道德行为的产生，纵然有来自外部的客观原因，如商业因素的侵袭、社会风气不正等因素的影响，但新闻从业者自身思想作风和工作作风不正则是关键性因素，而要解决这些问题，最有效的办法就是用马克思主义新闻观来规范新闻媒体和新闻工作者的行为。

按照马克思主义新闻观的基本观点，新闻工作者应当把从事为人民服务、为社会主义服务、为党和国家工作大局服务的新闻工作看作一件十分光荣的事情，从而自觉地把新闻工作作为值得自己为之奋斗的事业，时刻为做好新闻工作尽心尽力，而不是仅仅把新闻工作当作养家糊口的一种职业，尤其不能看作谋取私利的手段，这样才能有效遏制那些违反职业规范的行为。

二、在实践中学习和践行马克思主义新闻观

（一）用马克思主义新闻观解决新闻工作的实际问题

马克思主义新闻观的形成源自于实践，同时又为实践服务，学习和践行马克思主义新闻观也离不开实践，需要在实践中学习和践行。

学习和践行马克思主义新闻观须从实际出发，讲求实际效果，力求学用结合，学以致用，要做到“真学真懂真信真用”，使马克思主义新闻观能够真正用来解决当前新闻工作中实际存在的理论和实践问题。

（二）在“走转改”中学习和践行马克思主义新闻观

近些年来开展的“走转改”① 活动，是我国新闻战线学习和践行马克思主义新闻观过

① “走基层、转作风、改文风”的简称，是我国新闻战线为深入贯彻群众路线，推动新闻工作者“贴近实际、贴近生活、贴近群众”，从 2011 年起开展的一项行业活动。

程中创造的一种实践方式。广大新闻工作者在“走转改”活动中，通过走基层，深入实际，深入生活，深入群众，既涵养了品德，转变了作风，提升了职业素质，又扩大了视野，改进了文风，增强了业务能力，同时也进一步明确了职业责任，使得“走转改”成为加强队伍建设，转变队伍作风，提高新闻工作者思想素质和道德修养的有效举措，成为新闻工作者成长、成才的必由之路。

在“走转改”中学习和践行马克思主义新闻观，是一种有效路径。新闻单位须将其制度化，持之以恒，长期坚持，不断总结经验，推广典型，以此推动新闻事业健康发展。

三、在实践中创新发展马克思主义新闻观

（一）在学习和继承中创新发展马克思主义新闻观

马克思主义新闻观是科学解释新闻现象、认识新闻传播规律和研究新闻学的不可或缺的思想理论武器，学习和践行马克思主义新闻观是对新闻工作者的一项基本要求。

近些年来，由于在一个时期内思想政治工作存在弱化趋势，再加上一些消极的西方文化思潮和价值观进入我国所造成的负面影响，使得一些腐朽落后的思想文化沉渣泛起，拜金主义、享乐主义、极端个人主义有所滋长。一些人受其影响，理想缺失，信念动摇，马克思主义信仰也出现了危机。有的人对马克思主义开始产生怀疑，有的甚至提出质疑，使马克思主义作为指导思想的地位受到冲击和否定。在这种情况下，我们需要重新认识和定位马克思主义的理论价值，“回到”马克思主义的思想和理论上来，继续高举马克思主义的旗帜前进。

所谓“回到马克思”，其核心是要坚持马克思主义在各个理论和实践领域的指导地位。这就需要解决好对马克思主义理论的学习和继承问题。学习和继承由马克思恩格斯列宁以及毛泽东等马克思主义经典作家创立和建构起来的马克思主义新闻观的基本理论观点，是当前马克思主义新闻观学习教育活动最基本的目标和任务。

俗话说，“万变不离其宗”。纵使事物千变万化，但是其根本的东西、反映其本质属性的东西通常是不会改变的。学习马克思主义新闻观的基本原理、基本原则、基本观点，可以帮助我们把握好社会主义新闻工作的根本方向和基本规律，在继承传统的基础上开拓前进。

马克思主义原理告诉我们，变化是常态，而不变只是暂时的。马克思主义理论也是如此，始终是处在与时俱进、创新发展之中，而且正是通过不断的创新发展才显示出其绵延不绝的旺盛生命力。因此，对马克思主义理论不能搞教条主义、形式主义、本本主义，而是要根据新的形势变化，根据不同的党情国情社情，在学习继承的基础上创新发展，创造出符合自身条件、能够指导自身实践的理论。

在新闻业务领域也是一样。如今传播技术不断更新，媒介形态不断变化，传播手段和方式不断变革，新闻媒体所面临的社会环境、媒介生态、工作任务也都处在不断的调整变化之中。在这种情况下，如果我们思想僵化，墨守成规，不图变革，不求创新，那么就会裹足不前，停滞落伍，被时代淘汰。

因此，坚持在学习继承的基础上实现创新发展，是当前我们学习和践行马克思主义新闻观需要认识和解决的一个重要问题。而坚持“与马克思同行”，是当前我们学习和践行马克思主义新闻观应当秉持的一个重要理念。我们所说的“与马克思同行”，就是要始终高举马克思主义的旗帜，用其科学的思想立场、理论原理和认识方法去开拓创新，去发展求变，努力做到“守正创新”，这样就会方向正，底气足，办法多，效果好，就可以使马克思主义新闻观始终随着时代的变化和形势的发展与时俱进，不断创新，永葆活力，永放光芒。

（二）用新实践新理论丰富和发展马克思主义新闻观

列宁在《论策略书》一文中写道：“现在必须弄清一个不容置辩的真理，这就是马克思主义者必须考虑生动的实际生活，必须考虑现实的确切事实，而不应当抱住昨天的理论不放，因为这种理论和任何理论一样，至多只能指出基本的、一般的东西，只能大体上概括实际生活中的复杂情况。‘我的朋友，理论是灰色的，而生活之树是常青的。’”①

列宁借用德国诗人歌德的“理论是灰色的，而生活之树是常青的”来说明理论与实践、与生活之间的关系，形象生动，耐人寻味。按照这一道理，马克思主义新闻观的创新发展离不开新闻媒体日新月异的新闻实践，离不开新闻工作者日复一日的传播活动。

改革开放以来，我国新闻媒体和广大新闻工作者根据形势的变化和工作的需要，积极实践，勇于改革，认真总结经验教训，进行理论思考，创造了许多新经验，提出了许

① 《列宁选集》第3卷，人民出版社2012年版，第26—27页。

多新观点，形成了许多新理论。如机关报的改革创新、都市报的成功运作、广播电视的整合重组、互联网的快速发展、传统媒体与新兴媒体的融合发展、县级融媒体中心建设等，都是我国新闻工作者实践的结果和创新的成果。这些成果大大丰富和充实了改革开放新时期和新媒体背景下我国的新闻理论，同时也为创新发展马克思主义新闻观作出了贡献。

实践是检验真理的唯一标准。只要我们勤于实践，不断总结，坚持用新的实践来检验理论，创新理论，丰富和发展马克思主义新闻观，马克思主义新闻观就会始终保持鲜活的生命力，成为我们永远的思想旗帜和行动指南。

习近平总书记在中国共产党成立 95 周年大会上提出，要坚定道路自信、理论自信、制度自信、文化自信。① 在新闻领域，我们也要有充足的自信，要以马克思主义和中国特色社会主义理论为引领，以当代马克思主义新闻观中国化的最新理论成果为指导，充分吸纳我国新闻媒体在全面深化改革过程中所创造的新经验，为构建一个科学的、系统的、经得起实践和历史检验的中国特色社会主义新闻学理论体系，进一步丰富和发展马克思主义新闻观而不懈努力。

思考题

1. 如何认识当前学习和践行马克思主义新闻观的重要性和紧迫性？
2. 如何理解马克思主义新闻观是科学的新闻观？
3. 马克思恩格斯列宁在马克思主义新闻观创立和发展过程中有哪些贡献？
4. 中国共产党领导人在马克思主义新闻观中国化过程中有哪些主要成果？
5. 如何理解“与马克思同行”的内涵及意义？
6. 对个人来说学习和践行马克思主义新闻观有何意义？

---

① 《习近平在庆祝中国共产党成立 95 周年大会上的讲话》，《人民日报》2016 年 7 月 2 日。

第二讲　把握新闻工作基本要求

如今人类社会已进入信息化时代和媒介化社会，信息四处涌流，媒体无处不在，传播无所不及，收受和传播新闻信息已成为人们日常生活中不可或缺的一部分，人人都在通过各种媒体获取自己需要的新闻信息。自媒体的出现，几乎使得人人都有了麦克风，成为新闻信息的传播者。但是，要问起新闻是从哪里来的，新闻的本质是什么，可能很多人不一定能够回答得上来。

新闻工作是一种实践性很强的工作，其主要职责是向受众传递各种他们欲知、应知而未知的信息，满足受众信息需求。因此，新闻工作者需要大量接触社会实际，寻找新闻素材，从事采访报道。要在繁忙的新闻工作中做到有条不紊、忙而不乱，减少盲目性，提高自觉性，新闻工作者不仅需要具有新闻工作的崇高理想和脚踏实地的实践精神，同时还要具备一定的专业知识和理论修养，要能够准确地把握新闻的起源和本质，抓住新闻的基本特征，从而更有针对性地做好新闻工作。

本讲将从新闻的起源入手，阐释新闻的本质及其基本特征，论述新闻概念的基本内涵，以及准确及时、客观全面地报道新闻的原则和方法。

第一节　正确认识新闻的起源

关于新闻的起源问题，中外学界有许多不同见解。按照唯物主义的观点，新闻是人类生产劳动和社会交往实践的产物，同时它又服务于人类的生产劳动和社会交往实践。总之，新闻必须满足人类生产劳动和社会交往实践的需要。

一、新闻起源于人类生产劳动和社会交往的实践

新闻传播活动是人类传送和收受新近发生的事实信息的活动。在新闻起源问题上，学术界存在不同观点。有的学者把新闻起源归结为人类的“天性”“本能”，认为是人类的“好奇心”和“新闻欲”导致了新闻的产生。

美国早期新闻学者卡斯珀·约斯特在1924年出版的《新闻学原理》一书中曾提出，好奇心是人类进步的源泉，新闻起源于人类本能的“好奇心”和“新闻欲”。他认为，新闻发源于人类本性中压制不了的本能，对应于人类普遍和持续的信息诉求，以及人类普遍而持续的追求文明和进步的好奇心，还有对于兴趣和刺激的需求。①

国内外都有一些学者与约斯特持有类似的观点。他们认为人类需要新闻，是好奇的天性使然，正是这种好奇心，使人们对事物发生兴趣，进而导致了新闻的产生。

的确，人类对新鲜事物的“好奇心”和“兴趣”是存在的，这也是推动新闻传播活动发展的动力之一。但是把这种“好奇心”归结为某种外在力量的赋予，或者是人类本能的心理现象，忽略和掩盖了信息传播的实质，不符合新闻产生和发展的客观实际，带有明显的唯心主义色彩。实践说明，如果过于夸大新闻在满足人们“好奇心”方面的功能，则可能为种种捕风捉影、耸人听闻的不实新闻信息的流传打开方便之门。

按照马克思主义唯物主义的观点，人类参与生产劳动和社会交往实践是社会生活的本质。对新闻的起源起到决定性作用的，只能是人类的生产劳动和社会交往实践活动。包括好奇心在内的人的心理现象都源于此，都只能在人类生产劳动和社会交往实践的历史过程中得到合理解释。

人类产生的历史告诉我们，人本身就是劳动实践的产物，正如恩格斯所言：“劳动是整个人类生活的第一个基本条件，而且达到这样的程度，以致我们在某种意义上不得不说：劳动创造了人本身”。②

① ［美］卡斯珀·约斯特：《新闻学原理》，王海译，中国传媒大学出版社2013年版。
② 《马克思恩格斯文集》第9卷，人民出版社2009年版，第550页。

人类的社会实践是多层次的。在人与自然的关系上，人类社会实践主要体现为生产劳动；在人与人的关系上，主要表现为人际信息交往，表现为人自身的信息需求和与之相关的信息传播活动。生产劳动是人类实践活动最基本的内容，是生产劳动创造了人，创造了人的物质生活和精神生活。而人的信息交往则是人们在其生产劳动和社会生活过程中的一种精神交往活动。

在生产劳动中，人从自然界中分化出来。早期的灵长类动物逐渐进化为人，有了语言和抽象思维能力，以及人类特有的感觉器官。由此，人类逐渐产生了自觉意识，这为早期的信息与新闻传播活动打下了物质基础。

马克思和恩格斯指出：人的“思想、观念、意识的生产最初是直接与人们的物质活动，与人们的物质交往，与现实生活的语言交织在一起的。人们的想象、思维、精神交往在这里还是人们物质行动的直接产物”。① 换言之，“观念的东西不外是移入人的头脑并在人的头脑中改造过的物质的东西而已”，② 意识是以物质活动、物质关系为基础的，为它们所决定。现实的、从事活动的人们，是他们自己观念、思想等的生产者，“意识在任何时候都只是被意识到了的存在，而人们的存在就是他们的实际生活过程”。③

新闻传播活动源自人类同自然界相处和与社会交往的实践活动。在原始的蛮荒时代，由于生产力水平极度低下，单个的人无法抵抗恶劣的自然环境。为了生存，人们必须聚群而居，共同劳动。在共同劳动的过程中，有了自觉意识的人们迫切需要交换各种信息和意见。恩格斯指出，“劳动的发展必然促使社会成员更紧密地互相结合起来，因为劳动的发展使互相支持和共同协作的场合增多了，并且使每个人都清楚地意识到这种共同协作的好处。一句话，这些正在生成中的人，已经达到彼此间不得不说些什么的地步了。”④

在长期的社会交往实践中，人们的信息传递载体和传播方式也在不断丰富和完善，从即时的肢体语言到音节语言，逐渐演化出可以历时传递信息的文字等媒介。在这个漫长的实践过程中，人类的信息与新闻传播活动从人际交往的组成部分，发展为跨越时空的信息与新闻传播活动，逐渐创造出报纸、杂志、通讯社、广播电视、互联网等新闻媒体，产生了大规模的新闻事业。新闻传播活动的主体和内容也随着人类生产劳动和社会

① 《马克思恩格斯文集》第1卷，人民出版社2009年版，第524页。
② 《马克思恩格斯文集》第5卷，人民出版社2009年版，第22页。
③ 《马克思恩格斯全集》第3卷，人民出版社1960年版，第29页。
④ 《马克思恩格斯全集》第26卷，人民出版社2014年版，第762页。

交往实践的发展而不断丰富和发展，呈现日益多元化的趋势。

总之，新闻起源于人类生产劳动和社会交往的实践，并随着人类生产劳动和社会交往实践方式与内容的变化发展而不断丰富和发展。这是我们对于新闻起源问题的基本认识。

二、新闻满足人类生产劳动和社会交往实践的信息需要

认识了新闻起源于人类生产劳动和社会交往的实践之后，我们就能更好地理解，为什么新闻工作要把反映人类生产劳动和社会交往实践的信息需要作为基础了。人类新闻传播发展史表明，各国新闻传播的主要内容，通常都反映了那个时期人类生产劳动和社会交往实践的主题，其中包括各类重大自然和社会事件、科技文化进步和生活变迁等。为此，新闻工作者必须深入社会实践，走进现实生活，贴近人民群众，紧紧依靠人民群众的支持，真实地反映社会实践，表现现实生活，服务人民群众。

马克思和恩格斯十分强调新闻工作者要及时反映人民的实践需要。马克思在青年时代就提出了要办“人民报刊”的理念，他主张人民报刊应该成为人民日常思想和感情的表达者，“如同生活本身一样，报刊总是常变常新，永远也不会老成持重。它生活在人民当中，它真诚地同情人民的一切希望与忧患、热爱与憎恨、欢乐与痛苦”。① 只有忠实反映人类社会实践需要，新闻工作者和新闻媒体才能获得人民的信任，得到人民的支持。为了及时反映人民群众的实践需要，马克思和恩格斯在他们创办的《新莱茵报》上大量刊登工农群众来信，反映他们的呼声和要求，并且注意在工农群众中发展通讯员，让他们直接参与报纸工作，开创了新闻工作服务群众的传统。

列宁同样强调新闻工作特别是党报要充分反映人民的实践需要。他说，“我们请求所有的人，特别是工人，给我们写通信稿。让工人们有更多的机会给我们的报纸写稿，可以写各种各样的问题，尽量多写些自己的日常生活、感兴趣的问题和工作情况，没有这种材料，社会民主党机关报就一文不值”。②

在我国，中国共产党历来高度重视新闻工作与人民群众生产劳动实践需要的联系。强调新闻工作者要深入到人民群众的实际生活中去，通达社情民意，调查清楚事情的真

① 《马克思恩格斯全集》第 1 卷，人民出版社 1995 年版，第 352 页。
② 《列宁全集》第 9 卷，人民出版社 1987 年版，第 88—89 页。

相和全貌，准确把握问题的本质和事物的规律，提出解决问题的思路和对策。毛泽东在谈到写文章的方法时曾经说过：“任何英雄豪杰，他的思想、意见、计划、办法，只能是客观世界的反映，其原料或者半成品只能来自人民群众的实践中，或者自己的科学实验中，他的头脑只能作为一个加工工厂而起制成完成品的作用，否则是一点用处也没有的。人脑制成的这种完成品，究竟合用不合用，正确不正确，还得交由人民群众去考验。”①

只有真正保持党同人民群众的密切联系，才能最大程度地防止和减少工作失误。对于新闻工作者来说，也是如此。党的十八大闭幕不久，习近平总书记便主持召开中央政治局会议，制定了“改进工作作风，密切联系群众”的八项规定，强调要深入了解真实情况，向群众学习、向实践学习，在新闻报道上要压缩对会议和领导同志活动报道的数量、字数、时长。② 随后，中央又组织全党开展以“为民、务实、清廉”为主题的党的群众路线教育实践活动，集中解决形式主义、官僚主义、享乐主义和奢靡之风问题。这些举措对于进一步密切我国新闻事业同人民群众及其生产生活实践的联系，并创作更多的新闻精品，具有重要意义。

第二节　根据事实来描述事实

新闻传播活动是人类生产劳动和社会交往实践的产物，新闻在人类生产劳动和社会交往的实践中产生和发展。由此，我们明确了人类信息与新闻传播活动产生的最初动因。那么，新闻的本源和实质究竟是什么？这是新闻学理论要解决的基本问题。马克思主义唯物论告诉我们，新闻的本源是事实，新闻是对客观存在的事实的反映，先有事实，后有新闻；事实是第一性的，新闻是第二性的。

一、先有事实后有新闻

新闻的本源是客观存在的事实。离开了客观事实这一基础，就不可能有真正的新闻。

---

① 《毛泽东文集》第 7 卷，人民出版社 1999 年版，第 358 页。
② 《十八大以来廉政新规定》(2018 年最新版)，人民出版社 2018 年版，第 1—2 页。

否认新闻的本源是事实，则会使新闻实践误入歧途。当年一些西方学者曾经提出所谓“性质学”，认为“新闻乃是时宜性与一般性之本身”，后来又提出“普遍性”“公告性”“文艺性”“趣味性”“完整性”等新闻属性。就此，陆定一明确指出：“事实决定新闻的‘性质’，而不是‘性质’对于客观事实或新闻(事实的报道)有什么决定作用。”他认为，“性质学”把片面的东西夸大为全面的东西，把形式当作本质，把附属的当作主要的，把偶然的当作必然的，因而是错误的。①

其实，这些属性并非新闻的根本属性，而只是派生的次要的属性，因而也就没有触及新闻的本源问题。以引发人们兴趣的所谓“一般性”而言，它实际上是很容易被特殊性消解的。因为人们的社会地位、生活背景不同，“兴趣”很可能也各不相同。如果把引发“兴趣”的“一般性”当作新闻的本源，在实践中就可能陷入迷途，对社会带来伤害。

实际上，真正决定新闻性质的，只能是新闻所赖以产生的事实。新闻的本源是物质的东西，是事实，也就是人类在生产劳动和社会交往实践中所发生的各种事实，这是新闻的唯一来源和基本内容，“物质的唯一‘特性’就是：它是客观实在，它存在于我们的意识之外。”②

“唯物论与唯心论在新闻学理论中的一条明确的界线，就是是否主张尊重事实，而且是否在实践中真正尊重事实”。③ 新闻所赖以存在的客观事实，是指客观存在的事物、现象和事件本身，既包括自然事实，也包括社会事实，既包括整体的社会现象，也包括单个的具体事实。

二、新闻是新近发生的事实的报道

客观存在的事实是新闻的本源，缺乏事实依据或者与事实相背离的“新闻”不是真正的新闻，充其量只能是“传闻”，而它是不能作为“新闻”来传播的。对此，新闻工作者需要有明确的认识，要避免出现缺乏事实依据去传播“新闻”的情况。

① 陆定一：《我们对于新闻学的基本观点》，见《中国共产党新闻工作文件汇编》下，新华出版社 1980 年版，第 189—190 页。
② 《列宁全集》第 18 卷，人民出版社 1988 年版，第 273 页。
③ 陆定一：《我们对于新闻学的基本观点》，见《中国共产党新闻工作文件汇编》下，新华出版社 1980 年版，第 191 页。

然而，并非现实生活中发生的所有客观事实都会成为“新闻事实”。事实本身只有进入新闻工作者的视野，经过新闻工作者理性的价值判断与选择，确定为报道对象之后，才可能成为“新闻事实”，并最终作为“新闻”报道出来。

学术界对如何定义“新闻”这一概念一直众说纷纭。迄今为止，中外学者基于各自不同的世界观和价值理念，对“新闻”一词所下的定义不下数百种。有的强调新闻的某种功能，如甘惜分在《新闻理论基础》一书中提出“新闻是报道或评述最新的重要事实以影响舆论的特殊手段”；也有的强调新闻的报道或传播过程，如王中在《论新闻》一文中提出“新闻是新近变动的事实的传布”。这些关于新闻的定义，从不同角度抓住了新闻的某些特征，对我们理解什么是“新闻”，会有一定启发。

要给新闻下一个准确的定义，须找出新闻区别于其他社会意识形式的质的规定性，以反映新闻的本质属性，体现出新闻这一社会意识形式本身的规律及特点。

前面谈到，作为新闻本源的事实，以及传播者对事实作出的反映和报道，是新闻产生的基本条件。比较各种定义，我们认为李大钊和陆定一关于新闻的定义，体现出明显的唯物主义立场，在当今时代仍具有重要借鉴意义。

作为中国共产党的创始人之一，李大钊在我国马克思主义新闻学的发展史上也有着重要贡献。早在 1922 年，他在北大新闻记者同志会成立大会上，就给“新闻”下了一个定义，提出“新闻是现在新的，活的，社会状况的写真”①。这个定义抓住了“社会状况”这个新闻本体，认为新闻要反映社会生活中的真实情况，是对“社会状况”的“写真”，同时又强调了“新的”“活的”这个新闻本身的特征，应该说抓住了新闻与其他社会意识形式的主要区别。

陆定一提出的新闻是“新近发生的事实的报道”②，更加明确了“事实”作为“新闻本源”的价值和意义，而且还体现了“新近发生”和被“报道”出来这些新闻的基本特征，既坚持了新闻的事实本源，又兼顾了新闻主体对事实反映和呈现的过程，因此，这是一个唯物主义的、符合新闻传播内在规律的定义。从这个定义出发，我们可以更好地把握新闻本身以及新闻工作的基本要求。

---

① 《在北大新闻记者同志会成立大会上的演说》（1922 年 2 月 12 日），《李大钊全集》第 4 卷，人民出版社 2006 年版，第 40 页。

② 陆定一：《我们对于新闻学的基本观点》，见《中国共产党新闻工作文件汇编》下，新华出版社 1980 年版，第 188 页。

新闻作为一种社会意识形式，必然包含了新闻工作者对新闻事实的价值判断。新闻工作者正是根据自己的价值判断来确定采访对象和采访问题，然后经过提炼和加工整理，以文字、图片或音视频等方式形成新闻文本。这说明，新闻是传播者对事实的反映和报道，是包含着传播者的某种意向的。这正如马克思所说："事实并不排斥思想，思想也并不排斥事实。"①

与此同时，我们需要注意不能过分强调新闻的主观性，否则就容易忽视新闻事实本身的客观性，落入主观主义的陷阱。恩格斯认为，精神或意识都是物质的产物，"我们自己所属的物质的、可以感知的世界，是唯一现实的；而我们的意识和思维，不论它看起来是多么超感觉的，总是物质的、肉体的器官即人脑的产物。物质不是精神的产物，而精神本身只是物质的最高产物。"② 现实主体与其对象世界是不可分离的，因此，决定意识的存在就必定是主体及其对象的现实存在，"不是意识决定生活，而是生活决定意识"③。这里所说的"生活"，指的是作为"感性活动"的主体实践。新闻作为一种"被意识到了的存在"，从根本上看，就是一种"被意识到了的"客观事实。

表达某种意见和观点的新闻言论，是言论主体对相关新闻事实、事件的认识和价值评价，因而带有一定的主观色彩。但要看到，新闻言论作为一种特殊的新闻传播现象，其本体和依据也是客观存在的事实。我们在理解和定义"新闻"这个概念时，不能离开"事实"这个关键。

第三节 准确及时客观全面地报道新闻

明确了新闻的本源，确立了新闻是"新近发生的事实的报道"这一定义之后，我们就可以看出，准确报道新闻事实和及时传播新闻信息是新闻工作的必然要求，前者确保新闻工作不偏离新闻的本源，后者体现新闻工作对新闻自身独特规律的遵循和践行。此外，新闻报道还必须是客观和全面的，这也是新闻报道的重要原则，是提高媒体和新闻

① 《马克思恩格斯全集》第1卷，人民出版社1995年版，第403页。
② 《马克思恩格斯文集》第4卷，人民出版社2009年版，第281页。
③ 《马克思恩格斯选集》第1卷，人民出版社2012年版，第152页。

报道公信力的必然要求。

一、准确报道新闻事实，确保新闻真实可靠

客观存在的事实是新闻的本源与核心，新闻报道要真实可靠，就须使其反映和报道的新闻事实准确无误，这是新闻工作在任何时候都必须遵循的首要原则。新闻工作者必须坚持实事求是，坚持从事实出发，准确地报道新闻事实的本来面目，这是马克思主义新闻观的基本要求。

早在 1843 年 1 月，马克思就提出，只有“说的是事实”，而不是“希望出现的事实”的报刊，“才是真正的报刊”；只有“代表着社会舆论”，而不是“歪曲社会舆论”的报刊，才“应该受到国家的信任”。[①] 列宁提出“要向公众全面报道和阐明真相，不浮夸、不武断、不造谣、不作见不得人的私人报道。”[②] 对个别新闻工作者出于猎奇等原因对新闻事实的歪曲、捏造，毛泽东曾批评说，“讲牛尾巴长在屁股后面，没有人听，讲长在头上，就是新闻了”，对于这种现象，“要进行教育，讲清楚，要老老实实”。[③]

“真实性是新闻的生命。要根据事实来描述事实”，[④] 习近平的这一论述既反映了马克思主义新闻观对新闻工作的本质要求，也是对广大新闻工作者的殷切期待。这一论述提示我们，新闻作品中所涉及的事实要有准确可靠的来源和出处，决不允许有任何的虚构和夸张。只有坚守准确、真实这一新闻工作信条，新闻工作者才能更加自觉地深入新闻现场，贴近群众生活，以扎实的调查研究获取准确、可靠的新闻事实材料，写出能反映事物原貌和时代特征的新闻作品，最大限度地避免新闻失实和虚假新闻的产生。

二、及时传播新闻信息，力求新闻新鲜可读

时间新近，内容新鲜，这是“新闻姓新”的基本内涵，是新闻自身的天然属性，符合受众对新闻的基本需求。

---

① 《马克思恩格斯全集》第 1 卷，人民出版社 1995 年版，第 398 页。
② 《列宁全集》第 9 卷，人民出版社 1959 年版，第 213 页。
③ 《毛泽东文集》第 7 卷，人民出版社 1999 年版，第 448 页。
④ 《习近平谈治国理政》第二卷，外文出版社 2017 年版，第 333 页。

受众为了自身生存和发展的需要，总是希望以最快的速度了解周遭环境的变化，以及时采取应对措施。这就要求新闻工作者在准确掌握新闻事实和服从大局需要的前提下，必须注重新闻时效，要“快”字当头，努力抢占报道先机，以最快的速度将新闻事实信息传播给受众。

近些年来，随着交通和通信技术的快速发展，特别是网络传播技术的出现，新闻传播的速度、范围都达到了前所未有的程度，为新闻工作者争取时效提供了便利条件，但也使得新闻工作者面临着更激烈的时效竞争。在遵守法律法规的前提下，新闻工作者要勇于抢占报道先机，争取做到先声夺人，赢得主动，扩大影响，以实现最佳传播效果。

与时效相关的是新闻内容的新鲜性。内容新鲜主要体现在新闻事实之“新”上。这就要求新闻工作者必须具备发现新鲜事物的敏锐眼光和新闻悟性，要坚持实践，通过“走转改”活动，深入基层、深入生活、深入群众，去发现和体验新生活、新事物、新气象，不间断地向受众提供最新的新闻信息。

习近平要求新闻工作者“要转作风改文风，俯下身、沉下心，察实情、说实话、动真情，努力推出有思想、有温度、有品质的作品”①，指出做好新闻舆论工作，关键是要增强脚力、眼力、脑力、笔力，为新闻工作者指明了到生活和群众之中去采写新闻的路径。在路上心里才有时代，在基层心里才有群众，在现场心里才有感动。广大新闻工作者应努力深入基层和群众，及时掌握最新鲜的新闻事实，改变冗长、虚夸、呆板的文风，以清新朴实、生动鲜活、充满生活气息的语言来报道和传播新闻，这是新闻传播应遵循的基本要求，也是确保新闻新鲜可读的基本条件。

三、客观呈现新闻事实，增强新闻报道公信力

客观报道新闻，即按照事物的本来面目而不是个人的喜好去传播和呈现新闻事实，这是马克思主义唯物论的基本要求。马克思和恩格斯都非常重视客观分析和报道社会现象。马克思指出，“我们判断一个人不能以他对自己的看法为根据”②，恩格斯主张新闻报道要“完全立足于事实，只引用事实和直接以事实为根据的判断——由这样的判断进一

① 《习近平在党的新闻舆论工作座谈会上强调　坚持正确方向创新方法手段　提高新闻舆论传播力引导力》，《人民日报》2016年2月20日。

② 《马克思恩格斯文集》第2卷，人民出版社2009年版，第592页。

步得出的结论本身仍然是明显的事实”。①

新闻报道的客观，首先体现在内容上。它要求新闻必须是对现实生活中所发生的客观事实的反映、呈现和报道。新闻报道须坚持客观叙述事实，要注意说明新闻事实的来源和出处，并要仔细核实和多方印证事实，绝不能离开事实本身来报道新闻。

此外，新闻报道的客观还体现在形式上。它要求新闻报道要注意把客观报道新闻事实与报道者本身对事实的价值判断区别开来，要防止报道者带着个人的偏见来报道新闻。通常，新闻报道者不宜在报道新闻事实时掺杂个人的主观意见，对存有争议的事实，要尽可能反映争议各方的立场和意见，不应有意偏袒一方，排斥另一方。只有这样，新闻报道才具备公信力和说服力。

正如恩格斯所指出的：“主观意见必然是各不相同的，好尚各异，某人认为不重要的——别人可能认为是重要的和有决定意义的。保守党人永远不会使自由党人满意自己的引证，自由党人也不会使保守党人满意，社会党人则永远既不会使他们中的任何一个满意，也不会使两个全都满意。”② 因此，最能够让各方受众信服的，只能是有说服力的事实。

新闻报道的客观，来自于新闻记者对客观世界的正确认识。毛泽东说：“人脑是能够反映客观世界的，但是要反映得正确很不容易。要经过反复的考察，才能反映得比较正确，比较接近客观实际。”③ 这种正确的认识，来自新闻工作者脚踏实地的大量调查和研究，以及坚持不懈的学习。习近平指出，人的本领“不是天生的，是要通过学习和实践来获得的”，在当今的知识经济时代，“一个人必须学习一辈子，才能跟上时代前进的脚步”，才能解决“本领恐慌”的问题。④ 对新闻工作者来说，熟悉国家的路线方针政策，靠学习；掌握新知识新技术，靠学习；对干部群众的深入采访调研，也是一种学习。持之以恒的学习是客观报道的基础。

我们提倡客观报道新闻，这并不意味着报道者对新闻事件本身就毫无立场。世界上每天发生的新闻事实不计其数，社会与公众对新闻的需求也千差万别，新闻媒体和新闻工作者对于新闻事实必然要有所选择。这种选择就含有新闻工作者的主观价值判断，就

① 《马克思恩格斯全集》第 42 卷，人民出版社 1979 年版，第 413 页。
② 《马克思恩格斯全集》第 22 卷，人民出版社 1965 年版，第 129 页。
③ 《毛泽东文集》第 7 卷，人民出版社 1999 年版，第 358 页。
④ 《习近平谈治国理政》，外文出版社 2014 年版，第 403 页。

体现了新闻工作者的立场倾向。如前所述，新闻是新近发生的事实的报道，这“报道”本身就是报道者主观对客观事实的选择和判断，就是报道者的立场倾向的反映和体现。

但报道者的立场和倾向决非随心所欲，而只能是建立在准确客观可信地呈现新闻事实的基础上。只有寓于客观报道的立场和倾向，才更容易被受众接受，产生良好的传播效果。对我国新闻工作者来说，新闻取舍的标准，与坚持以人民为中心的工作导向是相一致的。

习近平强调：“在任何时候任何情况下，与人民同呼吸共命运的立场不能变，全心全意为人民服务的宗旨不能忘，群众是真正英雄的历史唯物主义观点不能丢”。① 新闻工作者要牢记人民群众是我们力量的源泉，时刻保持同人民群众的密切联系，通过新闻宣传，把党的理论和路线方针政策变成人民群众的自觉行动，并及时把人民群众创造的经验和面临的实际情况反映出来，丰富人民精神世界，增强人民精神力量。

四、全面报道新闻事实，反映新闻事件全貌

客观报道与全面报道密切相关。客观事物包含多个方面，新闻报道要做到客观，就需要全面地报道新闻事件发生过程中不同方面的事实和情况，要避免只见树木不见森林的情况，使受众掌握事实的全貌，形成对客观事实的正确认识。

这里所说的“全面”，是指新闻工作者要有辩证的思维，坚持全面地、辩证地看问题，避免片面性。全面报道新闻，就是尽可能地从多个方面了解事实，不仅要准确报道个别事实，而且要反映新闻事件的发展过程和各项联系，从宏观上把握和反映事件或事物的全貌，防止一叶障目。列宁曾说过，“要真正地认识事物，就必须把握住研究清楚它的一切方面、一切联系和‘中介’。我们永远也不会完全做到这一点，但是，全面性这一要求可以使我们防止犯错误和防止僵化。”②

新闻工作者经过深入采访调研，掌握了充分的材料，加上认真的分析研究，再来呈现新闻事实，就可以避免出现“肯定一切”或者“否定一切”的片面看问题的毛病。

① 《习近平谈治国理政》，外文出版社 2014 年版，第 367 页。
② 《列宁选集》第 4 卷，人民出版社 2012 年版，第 419 页。

“肯定一切，就是只看到好的，看不到坏的，只能赞扬，不能批评。说我们的工作似乎一切都好，这不合乎事实。不是一切都好，还有缺点和错误。但是也不是一切都坏，这也不合乎事实。要加以分析。”①

全面报道新闻，就是指报道要做到全面，要有实事求是的精神，在分析研究的基础上把握事物的本质，然后通过新闻作品让受众了解新闻事实的全貌。

因此，新闻工作者不仅要坚持深入新闻现场获取准确的新闻素材，还要勤于思考，善于分析。正如刘少奇所指出的，新闻报道“要全面，就不要笼统地讲，得分析”，“要从各方面把事情搞清楚之后，再下判断”。② 建立在扎实采访调研和分析研究基础之上的、客观全面的新闻报道，必然是具有公信力的。

思考题

1. 如何看待人们的好奇心和新闻欲与新闻起源的关系？
2. 怎样认识事实、事实呈现与新闻之间的关系？
3. 新闻工作者应该掌握哪些最基本的实践要求？
4. 如何正确看待新闻报道的真实客观与立场倾向之间的关系？

① 《毛泽东文集》第 7 卷，人民出版社 1999 年版，第 276 页。
② 《刘少奇选集》上卷，人民出版社 1981 年版，第 403—404 页。

第三讲　遵循新闻传播客观规律

人类的信息传播活动自人类社会出现便已有之。在长期的发展过程中，人类的信息传播逐渐发展成为一种有组织、有系统的社会活动。信息传播活动可以把个人与社会、国家和世界联系在一起。收受与传播信息成为人类社会生活中不可或缺的重要内容和行为方式。

那么，人类的信息传播活动是杂乱无序地运行呢，还是有其可以探知和遵循的客观规律呢？大量的研究成果告诉我们，作为一种专业性活动，无论是传统意义上的信息传播，还是如今新媒体、新技术背景下高度现代化的信息传播，都有其客观规律。正如马克思所说，报刊具有连植物也具有的“内在规律”。①

马克思主义新闻观注重总结和阐释新闻传播规律，同时也要求相关新闻传播主体充分认识和严格遵循新闻传播规律。

新闻传播规律的内涵十分丰富，从不同角度认识可以作出各种各样的解释。然而从新闻专业本身和新闻业务操作层面看，“新闻价值规律”是最重要的规律之一。

本讲将阐述新闻传播规律的内涵，以及遵循新闻传播规律的意义，重点将对“新闻价值规律”展开阐述，同时将论述如何正确处理新闻传播规律与宣传规律、市场规律、新兴媒体发展规律的关系。

---

① 《马克思恩格斯全集》第 1 卷，人民出版社 1995 年版，第 397 页。

第一节 新闻传播有其固有的客观规律

新闻传播是一种专业性信息传播活动，有其自身固有的客观规律。正确认识、准确把握和严格遵循新闻传播规律，是马克思主义新闻观的重要内容，也是中国共产党新闻工作优良传统的重要组成部分。

一、新闻传播规律的内涵及类型

（一）新闻传播规律的内涵

所谓“规律”，指的是事物之间的内在、本质的必然联系。它是一种客观法则，具有普遍性。大凡规律，通常都不以人们的主观意志为转移，任何事物或工作一旦违背了规律，便会遭到规律的惩罚。

同样，新闻传播规律也是一种不以人的意志为转移的客观法则。它能够反映新闻传播的内在品质，体现新闻传播的本质特征，决定新闻传播的发展趋向，规定新闻传播活动的基本规范和一般要求。

（二）新闻传播规律的类型

根据马克思主义原理，事物矛盾的普遍性和特殊性是相互依存、共生共在的。新闻传播规律也是这样，有其共性的一面，也有其个性的一面。共性所反映的是新闻传播的一般性规律。但从不同的视域、范畴、角度和阶段上去认识新闻传播活动，也会发现其存在个性的一面，可以概括出不同的新闻传播规律。因此，从这一意义上说，新闻传播规律可以分为两种类型：一种是普遍性规律，一种是特殊性规律。

新闻学是探讨新闻传播现象及其规律的一门学问。新闻学研究的任务，就是要揭示新闻现象的本质和新闻传播活动的规律。我国新闻学研究既要探讨新闻传播的一般规律，也要研究社会主义新闻传播的特殊规律，要在认识和掌握新闻传播一般规律的基础上，认识和掌握社会主义新闻传播的特殊规律。同时，要注意两者间的协调与统一，即在讲一般规律的时候要考虑到特殊规律，在讲特殊规律的时候要考虑到一般规律。

二、新闻传播规律是客观存在的固有规律

（一）全面认识新闻传播规律的内涵

新闻传播规律在一定意义上决定着新闻传播活动的基本性质和运行轨迹。只有对新闻传播规律有较全面和深刻的认识，才能准确把握新闻传播的基本特征、原理、原则及运行法则。

然而在实际新闻工作中，有些人对新闻传播规律还存在一些认识上的误区。比方有人过于强调新闻传播的专业属性和信息传播功能，而忽视其意识形态属性，否认或排斥它与政治的关系，否定其政治宣传功能。也有人过于强调新闻传播的意识形态属性，片面强调其与政治的关系和政治宣传功能，而无视或者回避其专业属性，忽视或者不承认其信息传播功能。以往由于这两方面的认识误区所导致偏离新闻传播规律的教训值得我们认真反思。实践证明，任何忽略、无视甚至违背新闻传播规律的做法，都是不符合马克思主义新闻观要求的。

其实，尊重新闻传播的专业属性，同认识新闻传播的意识形态属性，处理好新闻传播与政治的关系并不是矛盾的。我们不能将两者对立起来，而是要实现两者的有机统一。

“新闻学作为一门科学，与政治的关系很密切。但不是说新闻可以等同于政治，不是说为了政治需要可以不要它的真实性，所以既要强调新闻工作的党性，又不可忽视新闻工作自身的规律性。”① 习近平的这段话明确阐述了这个道理。

（二）深刻理解新闻传播一般规律与社会主义新闻传播特殊规律的关系

新中国成立以来，人们对新闻传播规律的认识经历了一个不断深化的过程。

特别是 1978 年党的十一届三中全会以后，在党的实事求是思想路线指引下，人们对遵循新闻传播规律的认识在不断提升。改革开放初期，邓小平在领导我国实现党的工作

① 习近平：《摆脱贫困》，福建人民出版社 1992 年版，第 64 页。

重点由阶级斗争向经济建设转移的同时，也指导新闻工作实现了向全面反映国家经济、政治、文化和社会生活，为改革开放和社会主义现代化建设服务的转型。解放思想、实事求是成为新闻工作的指导方针，为新闻媒体按新闻传播客观规律办事创造了良好的社会环境。

中国共产党领导人非常强调新闻工作要遵循新闻传播规律，要按新闻传播基本准则办事，以提高新闻传播的能力、质量和水平。例如2008年6月，胡锦涛在考察人民日报社时就提出要“按照新闻传播规律办事”①。2009年10月，他在首届世界媒体峰会上又提出，新闻媒体要“遵守新闻从业基本准则，客观报道世界多极化、经济全球化、文明多样性的现实，充分反映世界各国发展的主流和趋势，热情鼓励发展中国家发展进步”②。“新闻从业基本准则”，是依据新闻实践总结出来的，反映了新闻传播基本规律。

习近平十分重视规律问题，多次提到要遵循新闻传播规律。例如2009年3月，他在中央党校春季开学典礼上的讲话中就提出：“要提高同媒体打交道的能力，尊重新闻舆论的传播规律，正确引导社会舆论，要与媒体保持密切联系，自觉接受舆论监督。”③ 党的十八大以后，他又提出要“遵循新闻传播规律和新兴媒体发展规律”④，强调要“尊重新闻传播规律，创新方法手段，切实提高党的新闻舆论传播力、引导力、影响力、公信力”⑤。习近平提到的不但有“新闻传播规律”，还有“新闻舆论传播规律”和“新兴媒体发展规律”，这说明新闻工作的各个领域、各个方面都有自己的规律，我们都应该加以重视，都应该认真严格遵循。

然而，由于各种原因，有些人对新闻传播规律，特别是对社会主义新闻传播规律存在着种种困惑和误解。例如有人就认为我国新闻传播没有什么规律可言，有人则认为即使有规律也难以真正遵循。上述问题的存在说明，我们还须进一步提高对新闻传播规律的认识，自觉地运用新闻传播规律来规范和指导新闻传播活动。

① 胡锦涛：《在人民日报社考察工作时的讲话》，人民出版社2008年版，第6页。
② 胡锦涛：《在世界媒体峰会开幕式上的致辞》，《人民日报》2009年10月10日。
③ 习近平：《领导干部要提高综合素质 努力提高六个方面的能力》，《人民日报》2009年3月2日。
④ 习近平：《在中央全面深化改革领导小组第四次会议上的讲话》，《人民日报》2014年8月19日。
⑤ 《习近平在党的新闻舆论工作座谈会上强调 坚持正确方向创新方法手段 提高新闻舆论传播力引导力》，《人民日报》2016年2月20日。

三、正确认识遵循新闻传播规律的意义

新闻传播规律是客观存在的固有规律，新闻工作者必须正确认识遵循新闻传播规律的意义，在新闻实践中严格按新闻传播规律办事。

（一）有利于正确把握新闻传播的专业理念与职业规范

正确认识新闻传播规律，是确立新闻传播专业理念和职业规范的基础。总结历史经验和教训可以发现，新闻界之所以出现一些问题，正是因为违背了新闻传播规律，背弃了新闻传播专业理念和新闻工作职业规范。例如，近些年来出现的“有偿新闻”“有偿不闻”和新闻敲诈等现象，既背弃了新闻传播要摆脱商业因素和经济利益诱惑，真实客观公正报道新闻的专业理念；也违反了新闻媒体和新闻工作者要恪守职业操守，做到清正廉洁、不谋私利，自觉抵制各种利益诱惑的职业规范；同时也违背了新闻传播要对社会、对受众、对事实负责，如实报道新闻和维护社会公道的一般规律。

因此，树立自觉遵循新闻传播规律的观念，把握好新闻传播专业理念和职业规范，是做好新闻传播工作的有效保障，也是提高新闻工作者专业素质和职业修养、增强事业心和责任感的必要措施。

（二）有利于科学总结社会主义新闻工作的传统、经验和理论

我国社会主义新闻工作在长期的实践中形成了许多优良传统，积累了丰富经验，创立了科学理论，反映和体现了社会主义新闻传播的客观规律，需要我们在新闻工作中坚持和遵行。

这些传统、经验和理论包括新闻工作必须坚持做党和人民的耳目喉舌；必须坚持为人民服务、为社会主义服务、为全党和全国工作大局服务的宗旨；必须坚持党性原则，坚持马克思主义新闻观，坚持政治家办报，坚持正确政治方向；必须树立以人民为中心的工作导向，坚持党性和人民性相统一；必须坚持团结稳定鼓劲、正面宣传为主的方针，坚持弘扬主旋律传播正能量；必须坚持正确舆论导向，尊重舆论传播规律，把握好舆论引导的“时度效”；必须坚持群众性原则，坚持全党办报、群众办报；必须坚持“贴近实

际、贴近生活、贴近群众”的方针，坚持开展“走基层、转作风、改文风”活动，弘扬“走转改”精神；必须坚持改革创新，善于利用各种新媒体、新技术和新思维推进传媒业融合发展，提升我国新闻舆论传播力、引导力、影响力、公信力和竞争力。

长期实践证明，这些传统、经验和理论符合社会主义新闻传播规律和要求，应该继续坚持，并且将其作为规范和指导我国新闻工作的原则与依据。

（三）有利于全面推进我国社会主义新闻事业的改革与发展

如今，我国正进入全面深化改革的关键时期，新闻事业要顺应时代发展和社会主义现代化建设的需要，完成好自己的使命和任务，要遵循和依据新闻传播规律，通过不断创新、深化改革来提升自己的传播能力和整体实力。这就需要新闻机构和新闻工作者认真对照新闻传播一般规律和社会主义新闻工作特殊规律来检查自己的工作，看看哪些是按照规律做收到好效果的，哪些是违反规律遭受挫折和失败的；哪些是得到公众认可和赞成的，哪些是公众不认可和有意见的，在此基础上找到改革的方向和着力点，破解工作中的难题，克服工作中的弊端，提升新闻工作的质量和水平。

目前，新媒体迅猛发展，传统媒体的改革发展面临许多困难，如何借助互联网思维，依靠改革创新，实现传统媒体和新兴媒体的融合发展，这是全新的课题，需要我们去研究和探索，去揭示和总结其中的新特点新规律，用以充实和丰富新闻传播的实践和理论，使新闻传播规律能够融入新的内容，实现新的发展。

第二节　满足社会与公众信息需要是新闻传播的基本规律

从专业角度和业务层面看，新闻价值规律是新闻传播最重要的规律之一。新闻价值的核心内容是，以事实信息中所含有的满足社会与公众信息需要的要素多少，作为判断其价值大小的标准和依据。

西方新闻价值理论提出，事实信息要成为“新闻”须具备及时性、接近性、显著性、趣味性、人情味“五要素”，这对后来各国新闻传播实践产生了广泛影响。我国新闻学者吸纳西方新闻价值理论中的有益成分，借鉴新闻价值构成的五要素原理，把满足社会与受众信息需要的程度也作为新闻价值理论的核心内容。

我国社会主义新闻工作也把新闻价值作为一种重要的业务规范和需要遵循的新闻传播规律。2003 年中共中央办公厅印发的《关于进一步改进会议和领导同志活动新闻报道的意见》中提出，领导同志的活动应根据“工作需要、新闻价值、社会效果”来决定是否报道。2012 年中共中央政治局关于改进工作作风、密切联系群众的八项规定中的第六条也作了同样的规定。

在“工作需要、新闻价值、社会效果”这三项原则中，“新闻价值”处在核心位置，“工作需要”须以是否符合“新闻价值”要求为基础和前提，而“社会效果”，也要以是否具有“新闻价值”为衡量与评定的标准和依据。

按照马克思主义新闻观的基本观点，我们在强调遵循新闻价值规律时，特别注意将事实信息是否具有新闻价值与它是否能够体现社会主义核心价值观统一起来。同时，在考虑事实信息的新闻价值要素时，格外关注其重要性，关注它与人民群众切身利益的联系，关注它是否能够带给受众积极、健康、有益的精神文化。在新闻价值的实现上，要格外重视新闻报道所产生的社会效果，同时强调要努力实现新闻价值与新闻政策法规的协调统一。

一、把握新闻价值的构成要素

“新闻价值”，是指事实信息所具有的能够满足社会与公众信息需要的各种要素的总和。世界上每时每刻都发生着无数事实，而新闻媒体的报道容量是有限的，这就需要新闻传播者根据新闻价值要素对新闻事实进行筛选。那么根据哪些要素来筛选呢？新鲜性、重要性、显著性、接近性和趣味性，是决定受众对事实信息关注程度的几个基本要素。

（一）事实信息须具有新鲜性

“新鲜性”，通常是指事实信息新近发生和鲜为人知的属性，它是事实信息吸引受众最基本的属性。凡是新近发生和鲜为人知的，或是从未被披露过的事实信息，其新闻价值就大。因此，“独家新闻”或“首创新闻”总是格外受到关注。也有人把时间上的及时归入新鲜性之中，用它来衡量新闻事实发生和新闻报道之间的时间差，时间差越小，新闻报道越及时，其新鲜性就越强。在现代传播技术条件下，许多媒体已经可以做到“零时差”传播。

（二）事实信息须具有重要性

“重要性”，是指事实信息对社会与公众产生影响的性质。凡是社会涉及面广、在公众中影响力大的事实信息往往更具重要性。例如重大经济政治文化和社会事件、重大自然环境变化、重大社会变革和技术进步等事实信息，能够引起社会和公众的广泛关注，能够影响公众的思想和行为，因而具有重要性。一些在群众日常生活中看起来并不“重大”的所谓“小事”，因为涉及群众的切身利益，同样也具有重要性。

（三）事实信息须具有显著性

“显著性”，是指事实信息所涉及人物、事件、地点的引人关注的性质。一般而言，与知名人物、事件和组织等相关的事实信息更具显著性。名人新闻在网络上点击率很高，与其显著性有密切关系。重要性和显著性往往相伴而行，但两者不是一回事，如一些名人信息虽然涉及的人物具有显著性，但不一定重要。新闻媒体不能单纯为了“吸引受众眼球”而盲目追求显著性，借名人炒作“新闻”。

（四）事实信息须具有接近性

“接近性”，是指事实信息与公众在地理、心理和利益上接近的性质。公众往往会更加关注与自己的利益密切相关，或是与自己在地理和心理上更加接近的事实信息。中国共产党的新闻宣传工作有贴近群众的优良传统。井冈山时期，毛泽东在指导如何办红军《时事简报》时就明确指出，“登消息的次序，本乡的，本区的，本县的，本国的，外国的，由近及远，看得很有味道”“地方的《时事简报》要完全用本地的土话”“《时事简报》的新闻，特别是本地的和近地的新闻，一定要是与群众生活紧密地关联着的。”①

（五）事实信息须具有趣味性

“趣味性”，也称“人情味”，是指事实信息满足公众休闲娱乐、追求新奇等心理需

① 《毛泽东文集》第1卷，人民出版社1993年版，第261、264页。

求的性质。一般说来，文体娱乐类和社会生活类的事实信息天然具有趣味性，严肃的政经新闻也可能蕴含着趣味性的因素。社会主义新闻工作要发掘和呈现事实信息的趣味性，以满足受众的兴趣需要，但要防止迁就和迎合一些受众的低级趣味、传播格调低下的娱乐信息，而是要多传播积极、健康、有益的信息来引导社会与公众。

在以上新闻价值要素中，各要素不能等量齐观，其中新鲜性是新闻价值的必备要素，不新鲜的事实信息就不能成为新闻。其他的要素则是选择性要素，可多可少。一般来说，新闻价值要素越多，新闻价值就越大。

二、了解新闻价值的实现过程

具备了新闻价值要素只是新闻价值实现的前提，新闻价值的最终实现，还要经历一个过程。通常，新闻价值的实现过程包括发现、呈现和检验三个阶段。

（一）善于发现事实信息的新闻价值

通常，新闻价值要素总是或隐或显地包含在事实信息之中，因此，要使事实信息的新闻价值得以实现，首先其新闻价值须被传播者发现。一般情况下，那些重大经济政治文化和社会事件、自然界的重大变化，以及流行的社会思潮及社会现象等，往往凸显于众多的事实信息之中，较易被传播者发现，而有些事实信息的新闻价值要素是隐含的，需要传播者主动去发现和挖掘。

有经验的新闻工作者往往能从大量的事实信息中迅速发现那些具有新闻价值的事实信息，他们靠的是“新闻敏感”和“新闻发现力”。这种能力需要在长期贴近实际、贴近生活、贴近群众的过程中，靠自己仔细观察、认真思考、反复比较，经过日积月累才能获得。

（二）充分呈现事实信息的新闻价值

发现新闻价值要素只是采写制作新闻的第一步，只有通过新闻报道将新闻价值要素呈现出来，才能完成从新闻事实信息向新闻报道产品的转变。新闻价值的呈现方式多种多样，但无论以什么形态和方式，都要求尽可能充分地呈现新闻价值要素，以满足公众的信息需要。

需要特别提及的是，新闻媒体要避免为了单纯追求新闻价值呈现而违背其他新闻传播规律。如一些媒体为了吸引公众注意力，片面追求趣味性，致使新闻报道出现庸俗、低俗、媚俗等问题，有的则有意制作耸人听闻甚至罔顾事实的新闻标题，出现所谓“标题党”现象，这与新闻传播要奉行遵守的专业理念和职业规范是相悖的。

（三）努力实现事实信息的新闻价值

新闻价值要素的发现和呈现只是新闻价值实现的前提条件，新闻价值最终能否真正得以实现，要看其是否被受众接受，是否产生了社会效果，这需要在实践中加以检验。

实现新闻价值的标准多种多样，其中最直接的标准就是新闻作品对公众思想和行为的影响程度。是否满足社会和公众的信息需求是检验新闻价值实现的“试金石”。

通常情况下，新闻作品对受众的思想和行为越能产生影响就越有新闻价值，影响的程度越高新闻价值就越大。从这一角度看，那些能够正确引导公众思想和社会舆论，能够真实反映群众呼声、愿望和要求，能够推动党和政府的中心工作、能够丰富公众精神文化生活的新闻作品，其新闻价值就越大。

三、实现新闻价值与新闻政策法规的协调统一

新闻价值与新闻政策法规的协调统一是保证新闻价值最终能够实现的重要条件。

（一）正确认识新闻价值与新闻政策法规的关系

“新闻政策”，是指党和国家依据特定社会制度、一定时期的政治纲领、思想路线及其任务而制定的新闻传播限制性规范。“新闻法规”，是指国家和地方立法机构，以及政府和行政管理部门所制定的用于规范新闻传播活动的法律和行政法规的统称。新闻政策和法规是国家和政府规范新闻传播行为的依据，它们与新闻传播规律的作用范围和规范方式不同。

从新闻选择的角度来看，新闻价值、新闻政策、新闻法规共同构成新闻选择的标准体系，分别承担专业标准、政治标准和法律标准的角色。新闻价值作为一种专业标准，决定新闻事实信息是否具备可报道的价值要素，新闻政策和新闻法规作为一种社会标准，

决定新闻事实信息是否符合社会规制。前者决定新闻事实信息可否成为新闻作品，后者决定新闻事实信息能否作为新闻进行传播。

在现代社会，新闻价值与新闻政策法规两者之间是一种相互依存和制约的关系。前者要求新闻政策法规应尊重新闻价值规律，确保具有新闻价值的事实信息能够顺利传播；后者要求前者在传播新闻时应当维护新闻作品的合理性和合法性，不传播违反新闻政策法规的新闻。

（二）妥善处理新闻价值与新闻政策法规的关系

新闻政策与法规是国家和政府为了维护国家和社会的安全与稳定，保护社会公共利益和公民合法权益，而对新闻传播制定的社会规制，具有强制性。目前我国虽然没有独立的新闻法和记者法，但有一系列新闻出版方面的政策法规，在宪法和其他法律中也有不少涉及新闻传播的内容，这都需要新闻媒体严格遵循，自觉维护其严肃性和权威性。

新闻政策与法规的制定应该建立在充分尊重新闻价值规律的基础之上，因为只有符合新闻价值规律的新闻政策与法规才有长久的生命力。近年来，党中央针对改进会议和领导同志报道、改进和加强国内突发事件报道、加强和改进舆论监督工作等方面出台了相应的专门文件，这是调整新闻政策使之与新闻传播规律协调一致的有效举措。

第三节　准确把握和严格遵循新闻传播客观规律

新闻传播规律是不以人的主观意志为转移的客观存在，马克思主义新闻观要求新闻媒体及其从业者，以及新闻管理机构和社会其他相关组织都要正确理解、准确阐释和严格遵循新闻传播规律，并保持应有的谦恭和敬畏。

一、遵循新闻传播规律是社会主义新闻工作的重要原则

遵循新闻传播规律是对新闻传播活动的普遍性要求，也是党的新闻工作的重要经验和基本要求。在 90 多年的发展历程中，中国共产党不断总结经验教训，对新闻传播规律

的认识逐步深化，社会主义新闻传播规律的理论也得到逐步完善。

以往在“左”的思潮影响下，一些媒体曾经发生过违背新闻传播规律的情况，留下了沉痛教训。因此，我们不但需要从思想上提高自觉遵循新闻传播规律的意识，更要建构起保证新闻传播规律能够得到体现和遵循的体制机制，要从政策、法律、纪律等方面，确保新闻传播规律得到有效遵循。

我国社会主义新闻事业经历了长期的历史考验，得以不断发展进步，其中重要的经验之一就是能够不断深化对遵循新闻传播规律的正确认识并自觉地在行动上加以落实。党中央机关报《人民日报》从 1948 年 6 月 15 日创刊以来，经历了十多次改版，其中大都是围绕遵循新闻传播规律这一主线开展的。例如 1956 年的改版目标就是希望通过改版切实解决报纸工作中存在的问题，如内容贫乏、单调、报道面窄，新闻少、质量低，组织问题讨论太少等。这次改版围绕扩大报道范围、开展自由讨论和改进文风三个方面进行，受到读者的好评，在党报史上成为典范。

自改革开放以来，随着新闻改革的不断推进，特别是随着新闻观念以及体制机制等方面的不断变革与创新，人们对新闻传播规律的认识也在逐步深化。通过强化信息、服务受众和效益观念，创新传播内容、形式、手段和体制机制等，使得新闻传播的内容更加丰富、形式更加活泼、手段更加多样、体制机制更加灵活，从而为社会主义新闻工作更好地遵循新闻传播规律创造了有利条件，提供了有效保障。

二、正确处理新闻传播规律与其他规律的关系

要使新闻传播规律能够得到有效遵循，还须正确处理新闻传播规律与宣传规律、市场规律和新兴媒体发展规律的关系。

（一）正确处理新闻传播规律与宣传规律的关系

“新闻”与“宣传”之间既有联系，也有区别。新闻强调及时，对新闻信息的新鲜性要求很高，而宣传则可以重复地传播相关信息，以提高宣传的效果；新闻强调满足受众的新闻信息需求，而宣传则主要是为了实现宣传目标；新闻必须通过媒体公开传播，而宣传则可以采取人际传播、组织传播等非公开传播方式；新闻讲求新闻价值，重在体

现满足受众新闻信息需求的效果，而宣传则讲求宣传价值，主要强调对宣传对象的说服效果。

我们一方面要防止用宣传规律取代新闻传播规律的现象，另一方面也要防止用新闻传播规律取代宣传规律的现象。有些媒体为达到宣传目标而把宣传规律置于新闻传播规律之上，其结果必然适得其反，既达不到期待的宣传目标，也收不到预期的新闻传播效果。而有些媒体则一味强调新闻传播规律而不兼顾宣传规律，也无法全面实现新闻媒体本应承担的新闻宣传使命。

因此，新闻媒体要根据形势发展和新闻实践的需要不断改进新闻宣传工作，处理好尊重新闻传播规律和宣传规律的关系，在既满足受众信息需要又实现党和政府宣传目标的结合点上多下功夫，将宣传价值与新闻价值有机地统一起来，在传播新闻信息的同时发挥好宣传作用，真正做到既让党和政府放心，又让人民群众满意。

（二）正确处理新闻传播规律与市场规律的关系

新闻事业是一种有着鲜明意识形态属性的社会文化事业，担负着生产精神文化产品的任务。从全球范围来看，世界上不同国家的新闻媒体采取的是不同的运行体制和机制。在商业化运行体制下，新闻作为一种供消费者使用的精神文化产品，需要投入一定的人力、资金、物质等资源，并在市场上交换，因此，新闻事业的经营管理需要遵循市场规律。

自实行改革开放，特别是实行市场经济体制以来，我国出现了一批市场化媒体，一些传统媒体也开始转型改制，具有了某些商业属性和产业性质，从而需要遵循市场规律，按照市场法则来进行经营管理。

我国新闻媒体要处理好新闻传播规律和市场规律的关系，需要做好以下几点：

一是要兼顾市场规律和新闻传播规律。进入市场运行的新闻媒体要遵从市场规律，否则便会受到规律的惩罚，但也要坚决反对以尊重市场规律为借口，盲目追求经济效益而不讲社会效益的现象，严格防止不顾社会责任，见利忘义，违法违规经营等行为。

二是要清晰划分新闻传播规律和市场规律的适用范围。新闻传播规律适用于新闻产品采集、生产、传播等新闻业务过程，市场规律适用于新闻产品经营管理、市场推广、资本运营等过程，根据范畴的不同，新闻传播规律和市场规律各自发挥主导作用，不能相互混淆和替代。

三是要把握好新闻传播规律和市场规律的交叉重合部分。与一般市场规律相比，新闻传播领域所讲的“市场规律”有其独特性，即它须在确保新闻传播社会效益的前提下来实现其经济效益，因此既要考虑媒体的市场盈利需求，又要发挥新闻传播满足社会与公众新闻信息需要，影响和引导社会舆论的基本功能，准确把握新闻传播规律与市场规律的交叉。“实现政治家办报与市场化经营的有机结合”，正是对这两种规律交叉理想状态的形象比喻。

总之，在现实经济压力、利益诉求的背景下，新闻媒体要始终把新闻传播的社会效益放在首位，在确保社会效益的前提下，力争实现社会效益和经济效益的统一。

（三）正确处理新闻传播规律与新兴媒体发展规律的关系

近些年来，新兴媒体的发展如火如荼，势不可挡，但我们对其发展规律的认识还处于初始阶段。2014 年，中央全面深化改革领导小组举行第四次会议，审议通过了《关于推动传统媒体和新兴媒体融合发展的指导意见》，习近平发表讲话，提出要形成立体多样、融合发展的现代传播体系。① 媒体融合发展已经成为当前我国传媒业改革的方向和趋势。

新兴媒体的发展极大地丰富和发展了新闻传播规律的内涵。我们要以开放、创新的心态探索新兴媒体发展规律，以及新技术条件下形成的新闻传播新规律。伴随快速发展的新兴媒体所带来的新情况、新问题，如果我们思想守旧，方法落后，就难以适应当前社会主义新闻事业改革发展的现实需要。

新兴媒体发展中的信息技术迭代、信息安全、互联网思维、舆论引导方式创新及新兴媒体对社会结构的深层次影响等问题，都值得我们密切关注和深入研究，以丰富和充实新闻传播规律。

新闻传播规律重在揭示新闻传播活动与新闻事业的运行规律，新兴媒体发展规律重在描述基于现代信息技术的媒体发展及其与社会互动的客观规律。两者关注点不同，有交叉部分，但不能混为一谈。

马克思主义新闻观告诉我们，只有努力探索和正确认识新闻传播规律，尊重和遵循新闻传播规律，妥善处理好新闻传播规律与宣传规律、市场规律、新兴媒体发展规律的

---

① 习近平：《在中央全面深化改革领导小组第四次会议上的讲话》，《人民日报》2014 年 8 月 19 日。

关系，不断总结经验，创新理念，才能推动我国社会主义新闻事业取得更大发展。

思考题

1. 如何理解新闻传播规律的内涵?
2. 如何看待新闻传播一般规律与中国社会主义新闻传播特殊规律之间的关系?
3. 掌握新闻价值构成要素对做好新闻报道有何意义?
4. 如何实现新闻价值与新闻政策法规的协调统一?
5. 如何认识和处理新闻传播规律与宣传规律、市场规律及新兴媒体发展规律之间的关系?

第四讲　认清新闻事业根本性质

“党、政府和人民的耳目喉舌”，是对我国新闻事业根本性质的一种形象表述。本讲将以“耳目喉舌”为核心概念论述新闻事业在我国政治、经济、文化和社会生活中的地位和作用，同时阐明其具有文化事业和文化产业双重属性以及两者之间的关系，帮助新闻工作者更好地认识自己的职业使命和工作原则。

第一节　新闻事业是党、政府和人民的耳目喉舌

中国共产党领导下的社会主义新闻事业是党的事业，也是人民的事业，这是由我国国家性质和党的性质与宗旨所决定的。做党、政府和人民的耳目喉舌，是我国新闻事业的根本性质，也是对新闻工作的基本要求。而坚持为人民服务、为社会主义服务、为全党和全国工作大局服务是我国新闻事业必须秉持的方针和原则。

一、社会主义的国家性质决定了我国新闻事业的性质

我国是人民当家做主的社会主义国家，这一性质决定了人民是新闻事业的主人，社会主义新闻事业必须始终坚持以人民为中心的工作导向。

（一）我国是人民当家做主的社会主义国家

从政治学角度看，国家性质是指国家的阶级实质，即社会各阶级在国家中的地位，它体现国家的领导阶级和主体力量，也决定国家的利益诉求和政策走向。

中华人民共和国宪法第一条规定："中华人民共和国是工人阶级领导的、以工农联盟为基础的人民民主专政的社会主义国家。"这一规定表明了我国的国家性质。这一性质决定了在我国，人民是国家的主体，是国家和社会的主人。

我国宪法还规定："中华人民共和国的一切权力属于人民。"这是国家制度的核心内容及根本准则。根据这个准则，我国组成工人阶级领导的、以工农联盟为基础的国家政权。这个以人民为主体的国家政权，意味着国家、政府存在的根本价值就是维护人民作为国家主人的地位和利益，全心全意地为人民服务。

为人民服务、维护人民利益也是无产阶级政党的根本宗旨。《共产党宣言》中就明确指出："共产党人不是同其他工人政党相对立的特殊政党。他们没有任何同整个无产阶级的利益不同的利益"。①

中国共产党一向把维护无产阶级和人民群众的利益作为自己的根本宗旨。《中国共产党章程》规定："党除了工人阶级和最广大人民群众的利益，没有自己特殊的利益。党在任何时候都把群众利益放在第一位，同群众同甘共苦，保持最密切的联系，……不允许任何党员脱离群众，凌驾于群众之上。"②

人民在中国共产党人的心目中有着至高无上的地位，为人民服务是中国共产党的根本宗旨和国家各项工作的指导方针。

（二）人民是我国新闻事业的主人

人民在国家和社会生活中的地位，决定了它在新闻事业中的地位。在我国，从根本上讲，人民是新闻事业的主人，同时也是新闻工作的主体、新闻报道的主角，新闻工作的出发点和归宿都以人民为中心，新闻工作要坚持以人民为中心的工作导向。

人民是新闻事业的主人，这是从新闻事业所有制关系讲的。在我国，新闻事业为国家和集体所有，实行的是公有制管理与经营方式，这就确保了新闻事业的非私人占有性，

① 《马克思恩格斯文集》第 4 卷，人民出版社 2009 年版，第 3 页。
② 《中国共产党章程》，人民出版社 2007 年版，第 18 页。

这是社会主义新闻事业与资本主义新闻事业的一个根本区别。

人民是新闻工作的主体，这是从新闻工作宗旨和目标讲的。在我国，新闻工作坚持以人民为中心的工作导向，它以为人民服务为宗旨，以满足人民群众的信息与新闻需求为目标，其工作的出发点和落脚点都是人民群众，检验标准也是由人民群众说了算，即要看人民群众喜欢不喜欢、高兴不高兴、满意不满意。

人民是新闻报道的主角，这是从新闻报道内容讲的。在我国，新闻媒体把人民群众作为宣传报道的主角。一些媒体常说的“把镜头和话筒对准群众，把版面和荧屏留给群众”，表达的就是这样的理念。

二、做党、政府和人民的耳目喉舌是我国新闻事业的根本性质

做党、政府和人民的耳目喉舌是我国新闻事业的根本性质，新闻媒体要积极发挥耳目喉舌功能，自觉地服务于党和人民。

（一）党、政府和人民的耳目喉舌是我国新闻事业的性质定位

做“热情维护自己自由的人民精神的千呼万应的喉舌”①，这是1848年马克思在主编《新莱茵报》时提出来的。他希望《新莱茵报》能够忠实表达人民的思想和感情，积极反映人民的呼声和要求，而且要做到有呼必应、千呼万应。

后来，做人民喉舌成为无产阶级政党报刊的共识和传统。1930年8月10日，当时的中共中央机关报《红旗日报》在发刊词中提出：“本报是中国共产党的机关报，同时在目前革命阶段中必然要成为全国广大工农群众之反帝国主义与反国民党的喉舌，就在这一点看来，已经决定了本报之伟大的任务。”② 这是中国共产党第一次阐明党的机关报是“工农群众的喉舌”。此后，“喉舌”“耳目”等类似提法常常出现在党的领导人讲话和党报党刊相关文章中。

江泽民曾明确指出：“我们党历来非常重视新闻工作。始终认为，我们国家的报纸、广播、电视等是党、政府和人民的喉舌。这既说明了新闻工作的性质，又说明了它在党

① 《马克思恩格斯全集》第6卷，人民出版社1961年版，第275页。
② 《中国共产党新闻工作文件汇编》下，新华出版社1980年版，第22页。

和国家工作中的极其重要的地位和作用。”① 如今，新闻事业是“党、政府和人民的耳目喉舌”已成为对我国新闻事业性质约定俗成的表述方式，得到了新闻界和社会的认同。

（二）积极发挥“党、政府和人民耳目喉舌”的功能和作用

“耳目喉舌”的功能是听、看、说，新闻事业作为党、政府、人民的耳目喉舌，就要为党、政府和人民群众去听、去看、去说话。

新闻事业作为“耳目”，要眼观六路，耳听八方，随时把各种新闻信息收集起来，传播出去；作为“喉舌”，要对国内外发生的重大事件，以及人民群众关注的各种问题发表看法，阐述主张。又听、又看、又说，这是对新闻媒介“耳目喉舌”功能的全面理解。

新闻事业要发挥好耳目喉舌功能，就须全面认识其内涵，要认识到“耳目”与“喉舌”是相互联系和统一的，“做党和政府的耳目喉舌”同“做人民的耳目喉舌”也是相互联系和统一的，忽视了任何一方都会导致媒体功能不健全。

有了正确、全面的认识，还须用积极的态度，自觉、主动地发挥作为党、政府和人民耳目喉舌的功能和作用。

首先，新闻媒体要做好党和政府的“喉舌”，自觉宣传党和政府的纲领路线、方针政策、工作任务和工作方法，使之能够“最迅速最广泛地同群众见面”②；另外还要做好党和政府的“耳目”，要帮助党和政府去观察和了解人民群众的劳动、工作、学习、生活状况，并及时传达给党和政府，在党和政府同人民群众之间发挥好上情下达的作用。

其次，新闻媒体要做好人民的“喉舌”，深入了解人民群众的疾苦和心声，充分反映人民的利益要求，维护人民的合法权益，当好人民的代言人；同时要做好人民的“耳目”，积极为人民群众行使知情权、参与权、表达权和监督权提供方便条件和有效服务，把人民的意见、建议和呼声要求及时反映给党和政府，发挥好下情上达的作用。

总之，新闻媒体要在党和政府同人民群众之间发挥好桥梁和纽带作用，努力把体现党的主张和反映人民心声统一起来，把正确舆论导向和反映社情民意统一起来，善于把党的理论和路线方针政策变成人民群众的自觉行动，及时把人民群众创造的经验和面临

① 《十三大以来重要文件选编》中，人民出版社 1991 年版，第 766 页。
② 《毛泽东新闻工作文选》，新华出版社 1983 年版，第 149 页。

的实际情况反映出来，丰富人民的精神世界，增强人民的精神力量。

三、坚持为人民服务、为社会主义服务、为全党和全国工作大局服务的方向

我国新闻事业作为党、政府和人民的耳目喉舌，要把为人民服务、为社会主义服务、为党和国家工作大局服务作为自己工作的方向，始终不渝地完成党和人民赋予的职责和使命。

（一）为人民服务、为社会主义服务是新闻事业的基本方针

在我国，“为人民服务、为社会主义服务”是新闻工作的基本方针，也是其根本宗旨，是新闻媒体必须坚持和遵循的。

社会主义公有制的经济基础和人民当家做主的政治制度，决定了我国新闻事业必然是人民的事业，是为人民而存在、为人民而工作的，“为了人民、服务人民”是对新闻事业的基本要求。因此，新闻工作者要时刻把人民放在心上，注意倾听和反映人民群众的呼声要求，及时回答人民群众的现实关切，维护人民群众的切身利益，尤其要注意在人民群众与党和政府之间搭建起沟通的桥梁，使下情得以及时上达，上情能够迅速下达，让人民群众能够借助媒体及时、准确地了解党和政府的政策和决策、主张和意图、工作部署和工作要求，从而紧密团结在党和政府周围，为实现党的中心任务而奋斗。

在我国，新闻事业是国家整个事业的一部分，为社会主义事业服务也是新闻工作的基本方针。因此，新闻媒体须始终坚持为社会主义服务的政治方向，积极宣传和维护社会主义国家的利益，增强各民族群众的国家意识，团结全国各族人民共同投入建设社会主义的伟大事业中。

新中国成立以来，我国社会主义制度不断巩固，国家建设取得了辉煌成就，走出了一条成功的中国特色社会主义道路，如今正在按照党中央提出的“五位一体”总体布局和“四个全面”战略布局，沿着实现国家富强、民族振兴、人民幸福的中国梦目标稳步前进。新闻媒体须大力宣传社会主义制度的优越性，宣传中国特色社会主义建设的成就和经验，为我国社会主义现代化建设营造良好的舆论环境，为促进我国社会主义经济、政治、文化、社会和生态文明建设贡献自己的力量。

为人民服务和为社会主义服务两者是统一的，充分宣传全国各族人民在社会主义国家建设中的辉煌业绩、伟大贡献、精神风貌和利益诉求，就是体现这种统一的最好方式。

（二）为全党和全国工作大局服务是新闻事业的重要使命

“为全党和全国工作大局服务”，是党和国家赋予新闻事业的重要使命。新闻媒体要以“围绕中心、服务大局”为基本职责，做到胸怀大局、把握大势、着眼大事，努力找准新闻宣传工作的切入点和着力点，服务好全党和全国工作大局。

“工作大局”，指的是党和政府在一定时期领导全国人民为之奋斗的中心任务和宏伟目标，它与国家的前途命运和人民的根本利益紧密相连，具有全局性和方向性。

要实现为全党和全国工作大局服务的目标，关键是要增强政治意识、大局意识、核心意识和看齐意识，要从党和国家发展的战略目标和中心任务出发决定新闻宣传的任务、策略和具体内容。当前，最重要的就是要以“五位一体”总体布局和“四个全面”战略布局为引领，紧紧围绕改革发展稳定这个大局，坚持以经济建设为中心。同时，要围绕党和国家中心工作，把握好大事要事，找准工作的切入点和着力点，扎扎实实地做好新闻宣传和舆论引导工作，宣传、动员和组织起广大群众自觉地投入到社会主义国家的建设事业之中。

第二节　新闻事业是党领导下的社会文化事业和宣传舆论阵地

我国新闻事业担负着传播信息、报道新闻、引导舆论、服务社会的使命，是党领导下的社会文化事业和宣传舆论阵地。新闻事业必须接受和服从党的领导，党组织要加强和完善对新闻事业的领导，这是确保我国新闻事业顺利完成其政治使命和实现其社会功能的必要条件。

一、新闻事业是服务社会的文化事业

新闻事业的一个基本特征是以传播信息、报道新闻为主要手段来服务社会，满足公众的新闻信息需要，这就决定了它作为社会文化事业的基本属性。

新闻事业的这种社会文化属性使它成为新闻信息传播和思想文化交流的一种重要的物质手段。它可以沟通上下、内外、左右，使上情下达、下情上达、内外相通、左右相连，把受众个人同国家、社会，乃至整个世界联系起来。

新闻事业作为社会文化事业，还体现在它可以对社会文化和社会生活产生思想渗透力和舆论影响力。法国学者贝尔纳·瓦耶纳在其所著《当代新闻学》中，就论述了新闻事业的这种重要作用。他指出，是"新闻形成社会，因为它给社会以形式。是新闻，实际上也只有新闻，能使全社会的单子凝结起来，能使潜在的现象明朗化，能够左右潮流，能够引出千百万条件相似的、渴望寻觅知音的人们的共同感应。除新闻外，没有别的东西能把人们连通起来……"①

按他的观点，新闻能促进社会的形成；能给社会以生存和发展的形式；能在社会上起到一种沟通与黏合作用；能揭示事件真相，影响社会思潮，促使人们产生思想的共鸣和行动的一致等。

从世界新闻业的发展历史和当前现实看，任何一家新闻媒体，不管有着怎样的政治目标和宣传意图，总是要以传播信息和报道新闻为主要内容，以满足人们获取新闻信息的社会需要为主要目标。它总是要将自己的政治目标和宣传意图寓于新闻报道和信息传播之中，借以形成和影响舆论，并最终将舆论引向既定的政治与社会目标。从这一意义上说，新闻事业是一种以传播信息、报道新闻、服务社会为基本职能的社会文化事业。

我国新闻事业作为一种宣传思想和文化事业要体现其服务社会的文化属性，"必须自觉承担起举旗帜、聚民心、育新人、兴文化、展形象的使命任务。"② 这是我国新闻事业义不容辞的责任，同时也是其责无旁贷的重任。

二、新闻事业是服务党和人民的宣传舆论阵地

从历史发展看，新闻事业在作为一种社会文化事业产生之后，很快便成为一定阶级、政党及社会集团发展经济生产和从事政治斗争的宣传舆论阵地。它通过反映和引导社会舆论服务于政治，服务于一定阶级、政党和社会集团，这是现代社会中新闻事业政治属性的集中体现。

---

① [法]贝尔纳·瓦耶纳：《当代新闻学》，丁雪英等译，新华出版社1986年版，第17页。
② 《习近平在全国宣传思想工作会议上强调 举旗帜聚民心育新人兴文化展形象 更好完成新形势下宣传思想工作使命任务》，《人民日报》2018年8月23日。

新闻事业的这种政治属性是一种客观存在，是不以人们的主观意志为改变的。西方一些媒体常常以“公共通信工具”“大众传播媒介”和“社会公器”的面目出现，强调自己的“公共服务性”“独立性”和“超党派性”，还有人把媒体称作“第四权力”，把记者称为“无冕之王”等，其实，西方资本主义国家的新闻媒体无法挣脱一些政治党派、经济财团和政府机构的控制，其政治属性也总是会或隐或显地表现出来。

表面看来，西方一些国家新闻媒体大都是私营企业，带有商业性质，好像不受政府控制。其实，由于各种利益关系的渗透和交织，媒体与政府之间存在着各种联系。虽然西方国家的政府通常不会直接控制媒体，但它有办法通过各种公开或隐蔽的手段对媒体进行控制和施加影响。例如它可以通过制定各种管理条例和行政法规、控制新闻发布权和新闻信息源、笼络媒体及新闻界头面人物等手段来对新闻传播活动进行管理和约束。有些国家的政府还会直接出面经办新闻机构，实行对新闻传播的直接控制。一些国家新闻发布机构更是经常利用新闻发布会向媒体和记者发布自己所希望传播的信息。发布什么消息，提供哪些内容，如何进行发布，在什么范围内发布，向哪些人发布，通过什么渠道发布以及允许哪些人参加，等等，其实都由政府新闻发布机构策划的。

事实说明，西方国家的媒体大都有其政党和政治背景，而政府对媒体的干预，其背后也受制于政党和政治的影响。在此情况下，新闻媒体既难以挣脱资本的桎梏，也难以逃开政府和政治的控制。当年针对一些人提出“报纸要绝对放弃政治”，恩格斯明确指出：“绝对放弃政治是不可能的；因为主张放弃政治的一切报纸都在从事政治。问题只在于怎样从事政治和从事什么样的政治。”①

马克思和恩格斯曾说过：“统治阶级的思想在每一时代都是占统治地位的思想。这就是说，一个阶级是社会上占统治地位的物质力量，同时也是社会上占统治地位的精神力量。支配着物质生产资料的阶级，同时也支配着精神生产资料，因此，那些没有精神生产资料的人的思想，一般地是隶属于这个阶级的。”②

显然，新闻事业作为一种精神生产资料，是由占有物质生产资料的统治阶级控制和掌握的。统治阶级通过一定的政治制度和自己所拥有的政治、经济权力，决定着新闻事业的所有权，制约着它的发展，并要求它遵循自己的主张按照自己的意志行事，而不允

① 《马克思恩格斯文集》第3卷，人民出版社2009年版，第224页。
② 《马克思恩格斯文集》第1卷，人民出版社2009年版，第550页。

许它脱离其思想和利益的轨道。

因此，在经济上占有统治地位的阶级，总是拥有对新闻事业的控制权，掌握着充足的新闻传播物质手段，并且能够获得充分的新闻自由。相反，那些在经济上处于无权地位的阶级不可能真正拥有对新闻事业的控制权，无法掌握充足的新闻传播物质手段，其新闻自由往往也会受到各种限制。

另外，新闻事业作为一种社会文化事业属于上层建筑范畴，有着鲜明的意识形态属性。它产生于一定的社会经济基础，是一定社会经济基础通过新闻手段的反映。同时，它又积极地反作用于这一经济基础，为这一经济基础服务，成为其不可或缺的新闻信息媒介和宣传舆论阵地。因此，在阶级社会中，新闻事业同其他上层建筑一样是从属于一定阶级的，不是从属于这一阶级就是从属于那一阶级。所谓“超阶级”的新闻事业，在现实社会中是不存在的。

我国新闻事业作为党领导下的以反映和引导社会舆论为主要职责的宣传舆论阵地，明确强调其意识形态属性，公开申明要坚持党性原则，服务全党和全国工作大局，其政治属性更加突出和明显。

三、新闻事业要接受和服从党的领导

我国新闻事业是党领导下的社会主义事业的重要组成部分，这决定了它必须接受和服从党的领导，在党的领导下开展工作。

在我国，中国共产党是领导国家一切事业的核心力量，新闻事业作为国家整体事业的一部分，自然应该接受和服从党的领导。尤其是新闻事业属于意识形态领域，担负着引领政治方向、宣传思想信念、传播价值观念、引导社会舆论等重要职责，更须严格置于党的领导之下，以确保始终坚持正确的政治方向。

中国共产党历来重视新闻宣传工作，重视加强对新闻事业的领导，强调新闻媒体要接受和服从党的领导。在 1921 年党的“一大”通过的第一个决议中，就明确规定党的报刊“须由中央执行委员会或临时中央执行委员会经办”①，以确保党报的无产阶级性质和党对党报的领导。

① 《中国共产党新闻工作文件汇编》上，新华出版社 1980 年版，第 1 页。

1942年，结合延安整风运动并根据当时解放区新闻宣传中存在的问题和实际需要，中共中央及中宣部就新闻工作的方针、原则等问题作出一系列指示和规定，其中就包括党委要加强对党报的领导，党报要坚持党性原则，要接受和服从党的领导等。

1958年，毛泽东在给广西省委负责人的信中指出，“省报问题是一个极重要问题”。他要求省委书记要关心和研究党报工作，要亲自为机关报写作和修改重要社论。① 后来党的几代领导人都强调过党对新闻事业的领导问题，强调要坚持党管媒体原则不动摇，坚持政治家办报、办刊、办台、办新闻网站，2016年2月19日习近平在党的新闻舆论工作座谈会上指出，“党的新闻舆论工作坚持党性原则，最根本的是坚持党对新闻舆论工作的领导”。②

实践证明，坚持党管媒体是确保我国新闻事业能够坚持正确政治方向，完成好党和人民所赋予的职责和使命的重要前提。反之，如果新闻媒体脱离党的领导，不但会给新闻事业带来损害，而且会给党和人民的整个事业带来危害。

坚持党管媒体同新闻媒体要接受和服从党的领导是一个问题的两个方面。按照党管媒体的原则，要求新闻媒体自觉接受和服从党的领导，坚持在党的领导下开展工作，努力做到守土有责、守土负责、守土尽责，担负起自己的职责和使命。

新闻事业接受和服从党的领导，主要体现在自觉坚持党性原则，在政治、思想和组织上同党中央保持高度一致，特别是在涉及党的路线方针政策，以及重大决策、重大事件的宣传报道上，新闻工作要严格按照中央的统一要求开展，要同党中央在思想立场、政治观点、奋斗目标、政策策略等方面保持一致。

中共中央1981年发布的《关于当前报刊新闻广播宣传方针的决定》中就明确规定：“对党的路线、方针、政策和党委的决定如有不同意见，可以向上级党委直至中央提出，有的也可以在党内刊物上探讨，但是在上级没有改变有关决定前不得公开发表，更不能另搞一套，宣传同党的基本主张相反的意见。在报刊、新闻、广播、电视等党的舆论机关内部，同样要加强集中统一，不能各自为政。”③

中国共产党在领导新闻事业的长期实践中形成了一些有效做法，有的已作为宣传政

① 《毛泽东文集》第7卷，人民出版社1999年版，第338页。
② 《习近平在党的新闻舆论工作座谈会上强调　坚持正确方向创新方法手段　提高新闻舆论传播力引导力》，《人民日报》2016年2月20日。
③ 《三中全会以来重要文献选编》下，人民出版社1982年版，第688页。

策和纪律确定下来，如重要信息及时通报；重大问题事前请示事后汇报；向上级党委及时反映情况；未经请示不得在报纸上批评同级党委，不得利用报纸同党委进行争论，同党委闹独立，等等。虽然当今形势已经发生了很大变化，党管媒体的方式也有不少调整和创新，但一些基本要求依然需要新闻媒体认真遵行。

总之，新闻媒体须始终以国家和人民利益为重，在实际工作中，坚持什么、反对什么，说什么话、做什么事，报道什么、不报道什么，都要符合党的要求，维护人民的利益。

坚持党管媒体的原则，需要党组织加强对新闻媒体的领导和监督，确保其按照党的路线方针政策和党委的重大决策部署做好工作，这是党中央对各级党组织的要求。

党委对新闻媒体的领导，重点在于加强思想和政治领导，坚持用马克思主义新闻观来统领新闻工作，以确保新闻媒体能够坚持正确的政治方向，同时还应充分尊重新闻工作者的主动精神和创造精神，鼓励新闻媒体按新闻规律做好工作。

如今，在以信息化、数字化和媒介化为基本特征的现代社会中，新闻媒体对国家政治、经济、社会、文化等各领域的辐射日益增强，对人们思想、工作、生活等各方面的影响日益深入，特别是互联网等新媒体，在反映舆情、汇聚民意、组织舆论、干预生活等方面的作用和影响越来越大。可以说时代发展和媒介环境的变化，对党组织加强和改善对媒体的管理，特别是提高同媒体打交道的能力提出了新的更高的要求。

正因为此，习近平提出："加强和改善党对新闻舆论工作的领导，是新闻舆论工作顺利健康发展的根本保证。各级党委要自觉承担起政治责任和领导责任。领导干部要增强同媒体打交道的能力，善于运用媒体宣讲政策主张、了解社情民意、发现矛盾问题、引导社会情绪、动员人民群众、推动实际工作。"①

各级党委要适应时代发展要求，把加强党的领导同改善党的领导结合起来，要做到"善待媒体、善用媒体、善管媒体"，大力提高同媒体打交道的能力，同时要严格按新闻规律来指导和管理新闻工作，并且不断创新管理手段和方式，真正实现对新闻事业的科学领导，尤其要善于通过法律法规和相关政策来实施领导。

党委、政府及新闻宣传管理部门要尊重和爱护新闻工作者，全力支持其工作，要做

① 《习近平在党的新闻舆论工作座谈会上强调　坚持正确方向创新方法手段　提高新闻舆论传播力引导力》，《人民日报》2016年2月20日。

到政治上充分信任，工作上大胆使用，生活上真诚关心，待遇上及时保障。特别是在其工作出现困难、遇到麻烦、受到曲解的时候，更要适时给予关心爱护，帮助他们克服困难，解决难题，做好工作。要对他们多鼓励，多引导，多扶持，以使他们心情舒畅，集中精力，勤勉工作，更好地发挥作用，完成职业使命。

第三节　新闻事业具有文化产业属性

新闻事业从事信息传播，要进行信息产品的生产和经营，从这个角度看，它具有一般文化产业的基本特征。在社会主义市场经济条件下，我国新闻事业同样具有文化产业的特征，传媒业是一种以传播信息为主要特征的文化产业。

认识这一属性，对于全面认识我国新闻事业的性质，处理好事业同产业双重属性的关系，更好地发挥其经济效能和功用，在确保社会效益的前提下实现其经济效益具有重要意义。

一、我国新闻事业具有文化产业基本特征

在市场经济条件下，我国新闻事业除了具有文化事业属性外，还是一种具备各种生产要素的经营实体，具有文化产业属性，需要按市场规律进行经营和管理。

按照对一般文化产业特征的认识，新闻事业的产业特征及经济属性通常表现为以下几方面：一是其产品具有生产特征，可以进行大批量生产；二是其受众具有消费者特征，可以通过提高产品质量来吸引受众消费；三是其经营具有企业特征，可以借助现代企业管理和经营方式来改善经营，增加经济收益；四是其运作具有市场化特征，可以运用市场手段来组织生产。

我国传媒业的产业经营与发展经历了一个曲折过程。从计划经济条件下排斥传媒机构的产业特征和经济属性，不讲经营和取消经营，到社会主义市场经济条件下逐步认识到传媒机构的产业特征和经济属性，并逐步实行企业经营和市场运作，而且不断顺应市场需要调整经营策略和经营方式，实行集团化发展战略，增强传媒竞争力，如今已经形

成了一批有一定规模和竞争实力的传媒集团，成为国家文化产业的重要组成部分。

新中国成立前，在我国私营报刊、广播等媒体中曾出现过一些有一定影响的经营实体，积累了一些有益的经营管理经验。新中国成立之初，国家允许守法的私营媒体存在并鼓励其开展经营，以谋求自身发展。在国家政策推动和扶持下，全国传媒业经营取得明显进展。到 1951 年，全国省级以上报纸已基本实现自给自养。但随后国家开始对私营报纸进行公私合营，后来又完全实行公有制，取消了所有私营报纸。到 20 世纪 60 年代中期，随着国家政治形势的变化，新闻媒体的意识形态属性被过分强化，传媒机构的经营活动全部停止。

进入改革开放新时期后，伴随着各项事业的快速发展，特别是市场与经济因素在经济活动中重新被肯定，新闻界也希望借助市场和经济因素，摆脱计划经济条件下单纯靠国家财政维持生计的状况，谋求自身生存发展。

1978 年底，人民日报等首都 8 家报社联名向财政部提交了要求试行“事业单位，企业化管理”经营方针的报告。财政部批复了报告，由此启动了我国传媒机构实行企业经营的进程。随后，一些报纸、广播、电视等媒体先后开始刊播广告，搞自办发行，尝试多种经营，在企业经营的道路上慢慢起步，并且逐渐取得了一些经济效益。

我国传媒机构实现真正意义的“企业化管理”和“市场化经营”，进而获得快速发展是从 1992 年党的十四大确定实行社会主义市场经济体制以后开始的。1992 年 6 月 16 日，中共中央、国务院作出《关于加快发展第三产业的决定》，把报刊经营管理列入第三产业，成为我国报刊进入产业化改革阶段的一个标志，我国传媒业实行企业化管理、市场化经营和产业化运作的大门就此敞开了。

1996 年 9 月，江泽民在考察人民日报社时提出，“在集中精力办好报纸的同时，要努力搞好经营和管理”①，进一步推动了传媒业的市场化进程。

报业集团作为传媒机构进入市场，实行产业化运作，以及都市报作为报业市场化和产业化改革探索者的形象出现与发展，可以说是一种必然的结果。因为市场经济体制确立了以市场为导向、合理配置资源、调整供求关系、促进产品流通、实现经济效益的运行机制，为我国传媒机构沿着市场化经营与发展的道路前进提供了保障。

---

① 《江泽民总书记视察人民日报社》，《人民日报》1996 年 9 月 27 日。

进入21世纪以来，我国加大了支持文化产业发展的力度，2011年10月党的十七届六中全会通过的《中共中央关于深化文化体制改革、推动社会主义文化大发展大繁荣若干重大问题的决定》中，提出了“加快发展文化事业和文化产业”的任务。传媒业作为文化产业的一部分，在此大背景下通过深化改革和不断创新，获得了快速发展，如今，正借助互联网和新媒体技术，通过媒体融合等手段，谋求事业与产业的更大发展。

二、我国传媒业是国家文化产业重要组成部分

我国文化产业在维护国家文化安全，增强国家文化软实力和中华文化国际影响力，提升国家综合国力方面有着极其重要的地位和作用。

在我国文化产业中，传媒业是其重要组成部分。由于新闻事业独特的信息传播和舆论表达功能，使得它在满足社会与公众的信息沟通和意见表达需要，促进经济、政治、文化、社会和生态发展的过程中，能够起到其他事业所起不到的重要作用。

作为文化产业的一部分，我国传媒业的经营与发展有着独特优势。从近些年来我国一些传媒集团的经营效果看，虽然发展过程中还面临不少困难，但总体上经济效益良好，涌现出了一批广告和经营收入可观的传媒集团，特别是新兴媒体发展的势头更是强劲。传媒业的经营收益已成为国家经济链条中的重要组成部分。因此，无论是从社会需求看，还是从经营效果看，传媒业都已成为我国文化产业中的重要组成部分，在整个国民经济中的地位和作用越来越重要。

我国新闻事业所特有的事业和产业双重属性，使得它兼有“软实力”和“硬实力”两种特征。作为一种文化事业，其信息传播力、政治参与力、社会影响力和舆论引导力是软实力的重要组成部分；而传媒业作为一种文化产业，其技术手段、传播能力和经济实力又是硬实力的重要组成部分，可以作为国家硬实力的一个重要支撑。

近些年来，我国新闻事业借助传媒机构特殊的文化功用和在产业发展中形成的经济实力，在讲述中国故事、传播中国声音、塑造国家形象、提升我国国际话语权和影响力，让世界更好地了解中国等方面发挥了积极作用，收到了一定效果，成为打造国家软实力的不可或缺的重要力量。

三、我国新闻事业要处理好事业和产业双重属性的关系

我国新闻事业既有事业属性，又有产业属性，两者相互依存，相互制约。媒体机构要妥善处理好两者关系，努力实现社会效益和经济效益的有机统一。

新闻事业作为一种公益性社会文化事业和宣传舆论阵地，要承担相应的社会文化和政治功能，同时，传媒业作为一种文化产业，要实行企业化管理和市场化经营，讲求市场占有率和经济效益，必须处理好事业同产业双重属性的关系。

新闻事业的事业属性决定其政治方向和工作原则，产业属性决定其生存基础和发展潜力。它们各自发挥着自己的作用，同时又制约着对方的存在方式和发展状况。全面认识和正确理解两者关系，对于准确把握新闻事业性质、发挥其积极功效、做好新闻工作有着重要意义。

认识其事业属性，可以更好地把握其作为新闻信息传媒和宣传舆论阵地的特征，充分发挥其在传播信息、报道新闻、服务社会，以及在反映舆论、引导舆论、服务国家和人民方面的作用，避免出现脱离社会、疏离群众、背离正确政治方向的有害倾向。

认识其产业属性，可以更好地把握其作为一种文化产业经营实体的特征，从而更好地遵循现代产业经营规律，努力挖掘其产业潜质，增强其经营能力，争取获得理想的经济效益。这对增强媒体经济实力、扩大产业规模、更好地发挥其社会效能及功用具有重要意义。

我国新闻事业两种属性并存的情况提醒我们，在市场经济条件下，新闻事业应当改变过去计划经济条件下那种不搞经营、不计成本、不讲效益，只算政治账、不算经济账的情况，要树立经营意识，强化管理观念，在产业经营和事业发展中，注意把遵循新闻规律和宣传规律，同遵循经济规律和市场规律有机地结合起来，在保证社会效益的前提下，努力实现社会效益与经济效益的统一，努力把传媒业做强做大做好。

当然，如果只是将传媒业作为一般产业和企业，过分强调其产业特征及属性，一味地追求经济效益，会损害新闻事业作为公益性社会文化事业的特征和属性。因此，要充分认识到传媒业是生产意识形态属性很强的精神产品的文化产业，其生产和经营要坚持把社会效益放在首位。

近些年来，一些媒体机构，特别是一些完全实行市场化运作的媒体无视其作为文化事业的社会定位，舍弃其文化功能和社会责任，把追求经济效益放在首位，完全以市场作为指挥棒来定选题、写报道、发信息、报新闻，由此导致的负面效果值得我们警惕。

总之，新闻媒体的产业经营应当注意事业同产业双重属性的结合，充分发挥两种属性的积极功能，在追求经济效益和产业发展的同时，时刻把社会效益和事业发展放在第一位，实现健康、全面、科学发展。

思考题

1. 如何认识我国新闻事业既是党的事业也是人民的事业?
2. 请谈谈你对“耳目喉舌论”的认识。
3. 如何理解我国新闻事业必须坚持“党管媒体”的原则?
4. 我国新闻事业的事业属性同产业属性之间是一种什么关系?　你是怎样理解的?
5. 结合实例谈谈为什么新闻事业的产业经营要实现社会效益与经济效益的统一。

第五讲　坚持党性和人民性相统一

党性是阶级性的最高表现形式，也是政党根本性质最集中的体现。新闻工作中所表现出来的党性原则即为新闻事业的党性原则，它是马克思主义的党性观在新闻工作中的具体表现。人民性是人民利益和意志的最高表现形式。新闻工作中所表现出来的人民性原则即为新闻事业的人民性原则，它是马克思主义的人民观和群众观在新闻工作中的具体表现。

党性和人民性都是社会主义新闻事业必须遵循的重要原则，它们相辅相成，有机统一。坚持党性和人民性相统一，历来是社会主义新闻事业的光荣传统和根本要求。

第一节　新闻事业党性原则的形成与发展

新闻事业党性原则问题是社会主义新闻工作中的重大理论和实践问题，其形成与发展经历了一个历史过程。马克思主义经典作家对党性问题都有所论及，并在新闻工作中身体力行。中国共产党人对社会主义新闻事业的党性原则有着深刻理解和严格要求，并在长期的新闻实践中形成了坚持党性原则的优良传统。

一、马克思、恩格斯对党性问题的思考

马克思和恩格斯都曾经谈到过党性。例如，1845 年下半年，恩格斯在《“傅立叶论商业的片断”的前言和结束语》一文中，便首次使用了“党性”这一概念：“德国的‘绝对的社会主义’真是可怜得怕人……这种社会主义，由于自己在理论领域中没有党性，由于自己的‘思想绝对平静’而丧失了最后一滴血、最后一点精神和力量。可是人们却想用这些空话使德国革命，去推动无产阶级并促使群众去思考和行动!”①

1863 年 1 月 2 日，马克思在致恩格斯的信中写道：“在巴黎，在社会党内，党性和团结精神仍然占着统治地位。甚至象卡诺和古德肖这样的人，都声称在最近的运动中必须推崇布朗基。”② 布朗基系法国早期工人运动活动家和空想社会主义者，对普鲁东派控制法国工人运动方向的企图进行了抵制。对此，马克思给予充分肯定。

马克思和恩格斯虽然都谈到过党性，但他们并没有从党性的角度来论述新闻活动，也没有将新闻事业与党性和党性原则的概念直接联系起来。他们在谈及报刊工作时通常使用的是“党派性”这一概念。然而，他们在其报刊实践特别是党报实践及其党报思想中，却有许多后人所概括的新闻事业党性原则的内容。特别是在以《社会民主党人报》为中心开展报刊活动的时期，他们形成了较为系统的党报思想。例如他们强调党的报刊必须坚持正确政治方向，党报党刊是党的有力思想武器和坚强政治阵地，党报党刊的灵魂是党的政治纲领，党报党刊工作者应当具有鲜明的无产阶级立场。以上内容，后人都用“新闻事业党性原则”这一概念来加以概括。

二、列宁对出版物党性原则的系统论述

列宁处在无产阶级通过革命斗争夺取政权，并在人类历史上首先建立无产阶级政权的历史时期。他认为，“严格的党性是阶级斗争高度发展的伴随现象和产物。反过来说，

① 《马克思恩格斯全集》第 2 卷，人民出版社 1957 年版，第 659 页。
② 《马克思恩格斯全集》第 30 卷，人民出版社 1975 年版，第 305—306 页。

为了进行公开而广泛的阶级斗争，必须发展严格的党性。”① 这一判断涉及了党性的本质问题。

列宁还将党性和党性原则与出版物、与写作事业联系在一起进行论述。1905 年，他在《党的组织和党的出版物》一文中明确提出：写作事业应当成为整个无产阶级事业的一部分，成为由整个工人阶级的整个觉悟的先锋队所开动的一部巨大的社会民主主义机器的“齿轮和螺丝钉”，成为社会民主党有组织的、有计划的、统一的党的工作的一个组成部分。② 列宁在这里所使用的“出版物”和“写作事业”，与“新闻工作”“新闻事业”意思相通，因此被认为是对无产阶级新闻事业党性原则的明确表述。

在《党的组织和党的出版物》一文中，列宁关于新闻事业党性原则的论述包含了四个要点：一是明确了新闻事业与党的整个事业的关系。即“写作事业不能是个人或集团的赚钱工具，而且根本不能是与无产阶级总的事业无关的个人事业”，③ 它是党的整个事业中的一部分。二是明确了新闻事业的服务对象。即要“为千千万万劳动人民，为这些国家的精华、国家的力量、国家的未来服务”。④ 三是明确了新闻事业坚持党性原则的行事准则。即必须站在党的立场上，按党纲、党章和党的策略决议，以及党的工作经验办事。四是明确了新闻事业同党的领导的关系。即新闻事业必须接受党的领导和监督。

列宁关于新闻事业党性原则的系统、完整的表述，成为后来许多国家无产阶级政党新闻事业坚持党性原则的重要依据。这是列宁对马克思主义新闻观所做的重大发展和贡献之一。

三、中国共产党对新闻事业党性原则的继承和发展

中国共产党人继承了马克思、恩格斯和列宁所创立的新闻事业党性原则理论，并根据中国党情国情和国内国际形势的变化，以及新闻工作的实际需要，不断创新、发展，大大丰富了马克思恩格斯列宁的党性原则理论。

---

① 《列宁全集》第 12 卷，人民出版社 1987 年版，第 123 页。
② 《列宁全集》第 12 卷，人民出版社 1987 年版，第 93 页。
③ 《列宁全集》第 12 卷，人民出版社 1987 年版，第 93 页。
④ 《列宁全集》第 12 卷，人民出版社 1987 年版，第 97 页。

中国共产党自从有了自己的新闻事业以后，就把坚持党性作为新闻工作的一项重要原则。党的“一大”通过的第一个决议就明确规定党的报刊“须由中央执行委员会或临时中央执行委员会经办”，并强调“应由党员直接经办和编辑”，① 以确保党报的无产阶级性质。后来党的一些有关决议、通知、报告等文件，以及党的负责同志的讲话、文章中，对党报的阶级性质、党性原则也都有不少论述。

1942 年延安整风时期，结合全党的整风运动，并根据解放区新闻宣传中存在的问题和实际需要，中共中央及其主管部门就新闻工作的方针、原则问题作出了一系列指示和规定，其内容大都涉及新闻工作的党性原则问题，从而形成了中国共产党人关于新闻工作党性原则问题的较为系统的观点。

毛泽东在 1942 年和 1948 年撰写的《增强报刊宣传的党性》《党报必须无条件地宣传中央的路线和政策》等重要文献，对新闻工作的党性原则都进行了明确阐述。1942 年 4 月 1 日，党中央机关报《解放日报》实行改版，在改版社论《致读者》中所提出的党报工作必须贯彻的“四个性”，党性被列在了首位。毛泽东当时在给重庆的周恩来的电报中说：“关于改进《解放日报》已有讨论，使之增强党性与反映群众，《新华日报》亦宜有改进。”② “增强党性与反映群众”，被作为《解放日报》的经验向《新华日报》推广。

1959 年毛泽东提出了要“政治家办报”的著名论断，为新闻工作的党性原则注入了新的内容。他在 6 月的中央政治局会议上谈到，报纸办得好坏，“要看你是政治家办报还是书生办报”。他明确说“我是提倡政治家办报的”③。

“政治家办报”的核心内容是要求办报的人，特别是新闻机构的领导者要有政治家的胸襟和见识，要能够从政治上总揽全局，抓住事情的要害，使新闻宣传能够紧密配合国内外的政治形势，为全党和全国工作的大局服务，可以说这些也都是党性原则的要求。

改革开放以来，在新闻事业还要不要坚持党性原则和怎样才能坚持好党性原则的问题上，新闻界和社会上曾出现过一些思想混乱和模糊观点。对此，1980 年邓小平在《目前的形势和任务》的讲话中从党的根本性质和现时期所面临的形势和任务入手，明确提出了“党报党刊一定要无条件地宣传党的主张”的观点。他指出，开展批评也好，组织讨论也

① 《中国共产党新闻工作文件汇编》上，新华出版社 1980 年版，第 1 页。
② 《毛泽东新闻工作文选》，新华出版社 1983 年版，第 93 页。
③ 吴冷西：《忆毛主席》，新华出版社 1995 年版，第 141 页。

好，“要合乎党的原则，遵守党的决定。否则，如果人人自行其是，不在行动上执行中央的方针政策和决定，党就要涣散，就不可能统一，不可能有战斗力。”① 在这个讲话中，他还提出党的报刊要旗帜鲜明地宣传四项基本原则，要成为“全国安定团结的思想上的中心”的重要思想，强调了新闻工作在思想宣传战线上的重要任务和作用，这是他新时期党报思想中的核心观点，也是其党性原则理论中的重要内容。

江泽民把新闻工作看作是“党的生命的一部分”，是“党和国家的前途和命运所系的工作”。从这一基本判断出发，他十分重视新闻工作的党性原则问题。1989 年 11 月，他在全国新闻工作研讨班上发表的讲话中指出：“我们的新闻工作是党的整个事业的一个重要组成部分。因此不言而喻，必须坚持党性原则。”② 他对党性原则和坚持政治家办报原则的重申与强调，对于新闻媒体及时总结在那场政治风波中舆论导向方面的历史教训，自觉坚持党性原则，坚持政治家办报有着特殊的意义。

胡锦涛对新闻工作党性原则问题也十分重视，他反复强调新闻工作必须始终坚持鲜明的党性原则，以确保新闻宣传的正确导向。2006 年 1 月，他在考察解放军报社时提出：“要高举旗帜、听从指挥，坚持鲜明的党性原则。”③ 2008 年 6 月，他在考察人民日报社时提出把坚持党性原则放在首要位置，他强调说，“必须坚持党性原则，牢牢把握正确舆论导向。”④

习近平在担任总书记后在许多场合都强调新闻工作必须坚持党性原则。特别是 2016 年 2 月在党的新闻舆论工作座谈会上，他提出新闻舆论工作要做到四个“牢牢坚持”，即“牢牢坚持党性原则，牢牢坚持马克思主义新闻观，牢牢坚持正确舆论导向，牢牢坚持正面宣传为主”，党性原则被放在了第一位。同时他还要求“党的新闻舆论媒体的所有工作，都要体现党的意志、反映党的主张，维护党中央权威、维护党的团结，做到爱党、护党、为党；都要增强看齐意识，在思想上政治上行动上同党中央保持高度一致；都要坚持党性和人民性相统一，把党的理论和路线方针政策变成人民群众的自觉行动，及时把人民群众创造的经验和面临的实际情况反映出来，丰富人民精神世界，增强人民精神力量。”⑤ 这些

① 《邓小平文选》第 2 卷，人民出版社 1994 年版，第 272 页。
② 江泽民：《关于党的新闻工作的几个问题——在新闻工作研讨班上的讲话提纲》，《求是》1990 年第 5 期。
③ 《中国新闻年鉴 2007》，中国新闻年鉴社 2007 年版，第 1 页。
④ 《唱响奋进凯歌　弘扬民族精神》，《人民日报》2008 年 6 月 21 日。
⑤ 《习近平在党的新闻舆论工作座谈会上强调　坚持正确方向创新方法手段　提高新闻舆论传播力引导力》，《人民日报》2016 年 2 月 20 日。

讲话为新闻事业和新闻工作者更好地坚持党性原则提出了更加具体的要求，并指明了方向。

中国共产党关于新闻事业党性原则的理论观点，是对马克思恩格斯和列宁党性原则理论的继承和发展。它体现了我们党对社会主义新闻事业坚持党的领导、坚持正确政治方向、坚持正确舆论导向等一系列重大原则问题的坚定立场和明确要求，是对中国共产党新闻思想的丰富发展，也是对马克思主义新闻观的最新发展。

第二节 新闻事业党性原则的内涵及要求

新闻事业党性原则有着丰富的内涵。随着社会的变迁和时代的发展，党性原则中的某些内容可能会有所变化和需要调整，但其精髓部分仍然是必须始终坚持的。在新形势下，要坚持党性原则，需要顺应时代的变化，正确认识党性原则的新特征和新要求。

一、坚持党对新闻事业的领导，坚持正确政治方向

（一）坚持党对新闻事业的领导，确保党媒姓党

2016 年 2 月，习近平在党的新闻舆论工作座谈会上的讲话中明确指出：“坚持党性原则，最根本的是坚持党对新闻舆论工作的领导”，并提出“党和政府主办的媒体是党和政府的宣传阵地，必须姓党。”① 这是新闻工作党性原则的基本内涵和根本要求。

对于新闻媒体和新闻工作者来说，坚持党性原则，就是要自觉接受和服从党的领导，做到爱党护党为党，在思想上政治上组织上与党中央保持一致，以确保党媒姓党，这是对新闻媒体的基本要求。

从另一角度说，党组织在坚持党管媒体原则，加强对新闻事业领导的同时，要努力按照执政能力建设的要求，不断改善对新闻事业的领导，要学会同媒体打交道，做到善待、善用和善管媒体。党对新闻事业的领导，主要体现在政治思想上的领导，要帮助媒

① 《习近平在党的新闻舆论工作座谈会上强调 坚持正确方向创新方法手段 提高新闻舆论传播力引导力》，《人民日报》2016 年 2 月 20 日。

体把握好政治方向，坚持正确舆论导向。另外，必须按照新闻传播规律来对新闻事业进行领导和管理，而不能简单生硬地实施领导和管理。

（二）实行政治家办媒体，坚持正确的政治方向

新闻工作的政治方向一旦发生错误，就会给党和人民的事业带来损失。正因为此，习近平提出新闻舆论工作“必须把政治方向摆在第一位”①。

要坚持正确的政治方向，就须实行政治家办媒体。实践说明，在复杂的国际意识形态较量中，如果没有清醒的政治头脑就可能迷失政治方向、铸成大错。因此，要求新闻工作者增强政治意识，具有政治敏锐性和政治鉴别力，要从党和国家工作大局来观察事物，组织报道，始终坚持正确的政治方向和舆论导向。

近些年来，随着国内改革的不断深入和世界政治格局的急剧变化，我国面临着复杂的国内外形势，特别是在意识形态领域。在这种情况下，新闻媒体和新闻工作者需要始终保持清醒的头脑和高度的政治警觉，牢牢坚持党性原则，把握好新闻舆论工作的政治方向。

二、坚持实事求是思想路线，坚持紧密联系人民群众

（一）坚持实事求是思想路线，力求主观认识符合客观实际

要坚持好党性原则，还要解决好思想路线和思想方法问题，要自觉践行实事求是的思想路线，力求使自己的主观认识符合客观实际。毛泽东在《改造我们的学习》一文中曾对“实事求是”作过经典表述：“‘实事’就是客观存在着的一切事物，‘是’就是客观事物的内部联系，即规律性，‘求’就是我们去研究。”② 毛泽东解释说：学习马克思主义要“有的放矢”，“的”就是中国革命，“矢”就是马克思列宁主义。中国共产党人之所以要找“矢”，就是为了要射中国革命和东方革命这个“的”。“这种态度，有实事求是之意，无哗众取宠之心。这种态度，就是党性的表现，就是理论和实际统一的马克思列

① 《习近平在党的新闻舆论工作座谈会上强调 坚持正确方向创新方法手段 提高新闻舆论传播力引导力》，《人民日报》2016 年 2 月 20 日。

② 《毛泽东选集》第 3 卷，人民出版社 1991 年版，第 801 页。

宁主义的作风”。① 可见，实事求是是中国共产党党性原则的重要内容。

实事求是的关键在于要坚持一切从实际出发。就新闻工作而言，就意味着记者要深入基层，亲临现场，进行扎实的采访，全面掌握真实情况，这是一切新闻报道的基础。新闻工作者通过深入实际采访调查，可以及时了解群众的实际生活以及党的路线、方针、政策在实践中的执行情况，同时可以不断总结广大群众在劳动生产和执行党的路线、方针、政策中的创造性经验，通过集中概括，分析研究，形成具有普遍指导意义的新经验，然后再通过新闻媒体传达给群众，将其变为群众的具体行动，并在群众的实践中考察和检验这些新经验。

（二）坚持群众路线，与人民群众保持紧密联系

坚持群众路线是中国共产党的优良传统，也是党性原则的一项重要内容，它体现的是共产党人的人民观和群众观。群众路线的核心是坚持“从群众中来，到群众中去”。

共产党的根本性质和最高宗旨决定了除了为人民谋利益以外，它没有自己的特殊利益，因此必然与人民群众保持着最广泛、最紧密的联系。对于中国共产党人来说，坚持群众路线首先要做到“从群众中来”，即要从群众中听取意见，汇集智慧，这有利于党和政府改进与优化工作，进行正确的决策。从认识-实践的过程看，“从群众中来”处于获得正确认识的阶段。来自于群众的党的政策和决策还有一个再“到群众之中去”的过程，这处于在正确认识指导下的实践阶段。由此完成了由实践到认识，再由认识到实践的完整过程。

新闻工作坚持群众路线要做好以下工作：

一是要让人民群众成为新闻报道的真正主角。

新闻媒体要尽可能地把报纸的版面、电台的时段、电视台的荧屏、新媒体的平台空间让给人民群众。如今，公众借助互联网已经拥有了传播信息和表达观点的机会，成为新闻传播的新主体。我们要把网络看作是公众获取信息、交流思想、表达意见的重要渠道，看作是反映和了解民心民意的重要渠道，要对网民表现出宽容和理解，要让互联网真正成为同群众交流沟通的“新平台”，成为了解群众、贴近群众、为群众排忧解难的

① 《毛泽东选集》第3卷，人民出版社1991年版，第801页。

“新途径”，成为发扬人民民主、接受人民监督的“新渠道”①。

二是虚心向人民群众学习。

人民群众中蕴含着无穷的智慧和力量，在人民群众身上，有许多值得新闻工作者学习的地方。1950 年，毛泽东为湖南省第一师范学校题词：“要做人民的先生，先做人民的学生。”新闻工作者深入群众，深入实际调查采访的过程就是向群众学习的过程。在这个过程中可以使自己得到锻炼和提高，逐步加深同群众的感情，密切同群众的联系，并且不断用群众创造的经验充实自己，这样就能更好地认识群众，了解群众，进而更好地反映群众，报道群众，为群众提供更全面、更及时、更周到的服务。

三是紧密联系群众。

新闻战线所遵行的“三贴近”原则，所开展的“走转改”活动，其要义就是坚持群众路线。在“三贴近”中，核心是“贴近群众”。而在“走转改”中，“走基层”，就是要走到基层群众之中，与人民同呼吸、共命运；“转作风”，就是要转变高高在上、脱离群众的作风，做到密切联系群众、紧密贴近群众、时刻想着群众；“改文风”，就是要改进脱离群众的文风，推出有思想有温度有品质的，为人民群众喜闻乐见的新闻作品。一言以蔽之，“三贴近”“走转改”，其目标都在于继承和发扬党的密切联系群众的优良传统。

四是坚持把人民群众的满意度作为检验工作得失的根本标准。

新闻媒体要把人民群众是否拥护、赞成、高兴和答应，亦即人民群众的满意度作为检验新闻舆论和宣传工作成效的根本标准。要努力使我们办的报纸、广播、电视和网站所传播的信息、报道的新闻、发表的评论、提供的节目，让人民群众认可和满意。

第三节 实现党性和人民性的一致和统一

正确认识党性和人民性的关系，是一个涉及新闻工作方向及原则的重大问题。因此，

① 《习近平在网络安全和信息化工作座谈会上的讲话》，《人民日报》2016 年 4 月 26 日。

需要从理论上弄清其内涵及实质，认识党性和人民性一致性、统一性的实践要求，自觉坚持党的领导，坚持以人民为中心的工作导向，努力实现两者的一致和统一。

一、正确认识党性和人民性的辩证统一关系

“党性”和“人民性”是两个各有其特定内容又有着紧密联系的概念。然而，以往一部分人在此问题上存在一些误识和偏向。有的人只谈党性而不谈人民性，认为只要提及人民性就会形成与党性的对立。也有的人不恰当地抬高人民性，提出“人民性高于党性”的观点，甚至出现用人民性来否定和对抗党性的情况。实践说明，这两种观点都是错误和有害的。

拓展资料

《坚持党性和人民性相统一》

《人民日报》曾发表评论员文章，对把党性和人民性对立起来的错误倾向提出了批评。文章指出：“党性和人民性的关系，本来是一个有着明确答案的问题。然而，在一些人那里，却变得‘复杂而敏感’。比如，有人问‘你是替党讲话，还是替老百姓讲话’、‘你是站在党的一边，还是站在群众一边’；有人振振有词地说人民群众人数超过党员，所以人民性大于党性。类似这种似是而非的说法，把党性和人民性割裂开来、对立起来、搞碎片化，在理论上是错误的，在实践上也是有害的，必须加以廓清和纠正。”①

“人民性”，最早是俄罗斯文学领域中使用的概念。马克思在《莱茵报》时期曾使用过“人民性”这一概念，并阐述过人民报刊思想。在中国共产党领导人中，毛泽东在谈到教育、周恩来在谈到文艺工作时也使用过“人民性”的概念，并且都是从正面使用的。

2013 年习近平在全国宣传思想工作会议上明确指出：“党性和人民性从来都是一致的、统一的。”② 这一表述言简意赅地阐明了党性和人民性之间的辩证关系。

从中国共产党的根本性质看，它是中国工人阶级的先锋队，同时是中华民族和中国人民的先锋队。中国共产党代表中国最广大人民的根本利益，除了人民的利益，共产党没有自己的私利，这是党性和人民性一致及统一的基础。

① 《坚持党性和人民性相统一》，《人民日报》2013 年 8 月 27 日。
② 《学习习近平总书记 8·19 重要讲话》，人民出版社 2013 年版，第 20 页。

党的十八大以来，党中央在“以人为本”的执政理念中，加入了“以民为本”这一新的表述。两个“为本”把人民放到了至高无上的位置。而“以人民为中心的工作导向”，则是党的执政理念在各项工作包括新闻工作中的实际贯彻。这是党性的高度体现，又是人民性的精髓所在。党性和人民性，由是一致，因此统一。将党性建立在与人民性相一致和统一的基础上，在强调党性的同时强调人民性，这是习近平对党性理论作出的重要贡献。

从本质上看，坚持中国共产党的党性，理所当然地就必须坚持人民性，否则，党性本身就不可能得到很好的坚持。而坚持人民性，也就必须坚持党性，因为党性是寓于人民性之中的，人民性是党性的基础，没有脱离人民性的党性。实际上也没有脱离党性的人民性，因为真正完全的党性应该是人民性的高度概括和集中体现，如果脱离了党性，人民性将难以得到彻底的贯彻和持久的坚持。

另外，要看到党性和人民性都是整体性的政治概念，党性是从全党而言的，人民性也是从全体人民而言的，不能简单地从某一级党组织、某一部分党员、某一个党员来理解党性，也不能简单地从某一个阶层、某一部分群众、某一个具体人来理解人民性。只有站在全党的立场上、站在全体人民的立场上，才能真正把握好党性和人民性。①

因此，党性和人民性从来都是一致的、统一的，如果将其对立起来，在理论上说不通，在实践中也行不通。

二、树立以人民为中心的工作导向

如果我们把人民性作为党性的基础，强调党性寓于人民性之中，那么在探讨党性和人民性的关系时，就要把“以人民为中心”作为对新闻工作坚持人民性的基本要求。

“以人民为中心”，是近些年习近平在各种场合反复强调的一个观点。他把树立以人民为中心的工作导向作为对新闻工作坚持人民性的基本要求。他指出：“坚持人民性，就是要把实现好、维护好、发展好最广大人民根本利益作为出发点和落脚点，坚持以民为本、以人为本。要树立以人民为中心的工作导向，把服务群众同教育引导群众结合起来，

---

① 《坚持党性和人民性相统一》，《人民日报》2013 年 8 月 27 日。

把满足需求同提高素养结合起来。”①

“以人民为中心”的思想，源自于对社会主义新闻工作根本性质的认识。我国社会主义新闻事业，其根本性质是党和人民的耳目喉舌，它以反映、代表和维护人民群众利益为职责和使命，自然也把“以人民为中心”作为自己的基本理念和追求，时刻把人民放在心中的最高位置，在工作中始终坚持体现人民的主体地位。2018 年 8 月习近平在全国宣传思想工作会议上强调：“我们必须把人民对美好生活的向往作为我们的奋斗目标，既解决实际问题又解决思想问题，更好强信心、聚民心、暖人心、筑同心。”② 这是“以人民为中心”的思想在宣传思想领域中的进一步发展。

新闻媒体与人民群众的关系，从根本上说是服务与被服务的关系。新闻媒体是服务者，人民群众是接受服务者。新闻媒体为人民群众服务的方式，是提供及时、准确、客观、全面的有价值的新闻信息，提供真实的广告资讯，提供人民群众喜闻乐见的娱乐节目，以满足人民群众日益增长的美好生活需要。

新闻媒体和新闻工作者树立以人民为中心的工作导向，就是要在新闻工作中全心全意地为人民服务，在为受众服务的问题上必须高度热忱，对自己有严格的要求，这样才能体现出坚持人民性的立场，也才能说明新闻媒体是有党性的。

理论和实践都说明，党性要强就包括了人民性要强，就意味着要服务好人民，要把人民放在中心位置。1947 年在重庆出版的党中央机关报《新华日报》对人民性与党性的关系就曾作过精辟的阐释：“新华日报是一张党报，也就是一张人民的报，新华日报的党性，也就是它的人民性”。针对有读者说该报“党性色彩太浓厚”，文章解释说：“这其实正是党性发挥得不够，也就是人民性发挥得不够的表现。简单说来，就是为人民服务还做得不够。”③

《新华日报》把“对全民族全人民最大至高的服务”作为自己的工作目标，强调自己的党性和人民性是完全一致的，从而用自己的成功实践，为我们正确认识坚持“以人民为中心”在实现党性和人民性相统一过程中的重要作用，提供了范例。

---

① 《学习习近平总书记 8 · 19 重要讲话》，人民出版社 2013 年版，第 12 页。
② 《习近平在全国宣传思想工作会议上强调　举旗帜聚民心育新人兴文化展形象　更好完成新形势下宣传思想工作使命任务》，《人民日报》2018 年 8 月 23 日。
③ 《检讨与勉励——读者意见总结》，《中国共产党新闻工作文件汇编》下，新华出版社 1980 年版，第 80 页。

三、坚持对党负责和对人民负责的统一

既然党性和人民性是一致的、统一的，那么，在新闻工作中就应该理直气壮地坚持对党负责和对人民负责的一致性。对党负责，是坚持党性的要求，而在对党负责之中也应该包括坚持人民立场，对人民负责。对人民负责，则是坚守人民性的要求，而对人民负责之中也应该包括坚持党性立场，用党性来引领人民性。

无产阶级政党衡量一个党员、一个组织、一项事业工作好与不好的标准，就是看其是否以合乎最广大人民群众的最大利益，为最广大人民群众所拥护为最高行动准则。作为党的新闻事业，其行动准则同样也不能脱离这一标准。一切社会主义的新闻事业都应当把向党负责和向人民负责完美地统一起来，坚决同一切损害人民群众利益的行为作斗争。那些不顾人民利益、不为人民服务、不受人民群众拥护的新闻事业是谈不上什么党性的。由此看来，对党负责和对人民负责，两者本来就应该是一致的和统一的。

要实现对党负责和对人民负责相统一的目标，达到这一效果，需要防止出现“顾了上头忘了下头”或“顾了下头忘了上头”。因为前者会导致媒体信息传播功能的弱化，致使新闻报道中的宣传性内容过多，引起群众不满，甚至会影响人民群众同党和政府的关系。后者则会导致媒体思想宣传功能的弱化，致使新闻报道出现一味依据某些受众的兴趣和需要组织报道，而不能很好地完成党和政府所赋予的宣传任务。正确的做法是，努力把对党负责和对人民负责有机地统一起来，做到既积极向人民群众宣传党的路线、方针、政策，又热情向党和政府传达人民群众的呼声、愿望、要求；既善于把党的政策、主张变为群众的行动，又善于用群众的实践检验党的路线、方针、政策。要多宣传报道人民群众的伟大奋斗和火热生活，多宣传报道人民群众中涌现出来的先进典型和感人事迹，特别是要多关注、反映和报道那些群众十分关切，党委和政府也非常关注的重大问题和热点问题。总之，要把体现党的主张和反映人民心声结合起来，把正确舆论导向和反映社情民意结合起来，把教育引导群众和服务依靠群众结合起来，要坚决克服有些宣传报道脱离生活、不接地气、同群众贴得不够紧的问题，坚决克服一味迎合市场带来的低俗化现象。同时，要看到人民是具体的而不是抽象的，要认真研究不同群众的思想文化需求和生活需求，努力在党的政策主张和人民意愿诉求的结合点上做好文章，真正使

新闻工作让党和人民都放心和满意。

思考题

1. 如何理解党性、党性原则和新闻事业党性原则?
2. 新闻事业党性原则有哪些主要内涵?
3. 党性与人民性之间的关系是怎样的?　为什么说将两者对立起来是错误的?
4. 怎样才能更好地坚持党性与人民性的统一?

第六讲　坚持正确舆论导向

新闻舆论工作事关党和国家前途命运。坚持正确舆论导向，是党和政府对新闻舆论工作的根本要求，也是新闻舆论工作者必须承担的重要责任。正因为此，习近平强调新闻舆论工作要“牢牢坚持正确舆论导向”。我国新闻媒体要全面坚持正确舆论导向，不断提高舆论引导质量和水平，把握好舆论引导的“时、度、效”，推出“有思想、有温度、有品质”的新闻作品，努力实现舆论导向的积极效果。

第一节　坚持正确舆论导向极端重要

要坚持正确舆论导向，就须认清正确舆论导向的内涵，充分认识坚持正确舆论导向的意义，特别是要清醒认识当前网上舆论斗争的重要性和复杂性。这对于牢牢把握舆论引导的领导权和主动权，做好舆论引导工作意义重大。

一、坚持正确舆论导向的内涵及要求

舆论是公众意见的公开表达。通过舆论，可以体察群众情绪，了解民心向背，审视政局动向，把握社会脉搏，因而舆论已成为一种影响社会发展的重要力量。当今社会，

随着传播技术的进步和媒介生态的变化，新闻舆论的作用越来越重要，坚持正确舆论导向成为意识形态工作中极其重要的组成部分。

（一）新闻媒体担负着坚持正确舆论导向的重要责任

“舆论导向”，是指对舆论形成和流动方向的把握和引导。它既包括通过新闻舆论手段来控制社会舆论的形成和流向，也包括运用新闻舆论手段对人们的思想和行动进行引导。

在现实社会中，任何阶级、政党和社会集团都要依据自己的利益和意志，将社会舆论调控和引导到符合自己需要的方向上来，从而为实现自己的利益诉求，以及政治、经济、社会目标服务，这就必然会产生舆论导向问题。

新闻媒体作为一种信息传媒和舆论机构担负着反映、表达和引导舆论的重要使命。因此可以说，舆论导向是新闻媒体的一种固有属性和基本功能，也是其重要的工作内容和工作方式。而坚持正确舆论导向，是新闻媒体必须遵循的一项重要原则和工作规范。

（二）坚持正确舆论导向须做到政治方向正确

实践说明，舆论导向要正确，就须做到政治方向正确。“政治方向正确”，是指舆论所代表的方向要符合社会生产力的发展要求，符合先进文化的前进方向，符合广大人民群众的根本利益。只有这样的舆论才代表着正确的政治方向，才称得上“导向正确的舆论”。

历史的经验告诉我们，舆论导向一定要坚持正确的政治方向，唯此才能达到舆论导向的积极效果，否则就会事与愿违，适得其反。

二、坚持正确舆论导向的意义

“做好党的新闻舆论工作，事关旗帜和道路，事关贯彻落实党的理论和路线方针政策，事关顺利推进党和国家各项事业，事关全党全国各族人民凝聚力和向心力，事关党和国家前途命运。”① 习近平提出的“五个事关”，充分说明了新闻舆论工作的重要性，也凸显了正确舆论导向的重大意义。

（一）新闻舆论工作处在意识形态领域前沿

无数事实说明，新闻舆论处于意识形态领域前沿，能潜移默化地影响人们的思想，对社会和公众起到引领作用。积极的新闻舆论能够鼓舞人心、汇聚力量，而消极的新闻舆论则会涣散人心、瓦解斗志。

当前，我国意识形态领域面临着极其复杂的形势，新闻媒体要从党和国家事业发展的大局出发来把握新闻舆论工作，坚持正确舆论导向，任何时候都不能对新闻舆论工作等闲视之。

现在，人们可以通过各种社交媒体接收新闻信息，参与信息和舆论传播，而且这一切可以在掌上完成。据数据显示，截至 2018 年 6 月底，我国网民已突破 8 亿，手机网民为 7.88 亿。我国于 1994 年接入互联网，此后经历了从互联网到移动互联网的发展历程，而手机则由模拟到智能，由 2G 到 3G 再到 4G，5G 也正在研究发展过程中。人们通过手中握有的移动麦克风发声，使得众声喧哗成为社会舆论常态，甚至有可能形成影响事态走势的压倒性舆论。

在新的媒介生态和舆论环境下，现在很多人，特别是年轻人基本不看主流媒体，大部分信息都从网上获取，这是一个必须正视的事实。如果不能牢牢掌握舆论引导的主动权，传统媒体就会被边缘化，其原先拥有的舆论主导权就会丧失。

另外，中西方之间的意识形态较量始终没有停止过。某些西方发达国家通过互联网等新媒体对我国的意识形态渗透日甚一日。近些年来一些国家发生的旨在推翻国家政权的“颜色革命”，可谓触目惊心，其教训值得我们牢牢记取和时刻警惕。

（二）把坚持正确舆论导向摆在首位

随着移动互联网在我国的迅速普及，特别是社交类媒体的快速发展，越来越多的民众拥有了信息传播和意见表达的平台与手段，成为舆论传播的主体。而网民中一些拥有众多“粉丝”的意见领袖，借助媒体传播的信息和观点往往可以左右群众的思想，其舆

① 《学习习近平总书记 8·19 重要讲话》，人民出版社 2013 年版，第 12 页。

论影响力不可小觑。

在移动互联网背景下，舆论的载体也日趋多样化，各种新的传播形态和样态不断涌现。这使得舆论的形成和发展发生了根本性变化，新的舆论格局和舆论生态由此形成。另外，从近些年来出现的一些社会热点事件看，社会舆论常常呈现出高度分化的态势，有时甚至会出现两极分化甚至多极分化的现象。在这种媒体格局和舆论生态中，舆论引导的难度越来越大，因此，坚持正确舆论导向也就显得越来越重要。

1994 年江泽民在全国宣传思想工作会议上提出要坚持“以正确的舆论引导人”①；2008 年胡锦涛在考察人民日报社时强调要“坚持正确导向”“提高舆论引导能力”；②2016 年习近平在党的新闻舆论工作座谈会上把“牢牢坚持正确舆论导向”作为党的新闻舆论工作必须遵循的四项重要原则之一，并把“高举旗帜，引领导向”③ 作为新闻舆论工作六项职责使命中的第一项；2018 年习近平在全国宣传思想工作会议上强调要“把握正确舆论导向，提高新闻舆论传播力、引导力、影响力、公信力，巩固壮大主流思想舆论”④，这些都凸显了正确舆论导向的重大意义。

我们要坚定不移地把坚持正确舆论导向摆在新闻舆论工作的首位，坚持以导向为根本，视导向为生命，切实把正确舆论导向的要求贯穿到新闻舆论工作的各个方面和各个环节中。

三、牢牢掌握舆论引导的领导权和主动权

牢牢掌握舆论引导的领导权和主动权，是做好舆论引导工作的前提和基础，为此，我们需要强化阵地意识，加强主动引导，真正把舆论引导的领导权和主动权牢牢掌握在党和人民的手中。

（一）要强化阵地意识

近些年来，党中央一再强调要坚持党管宣传、党管意识形态、党管媒体的原则不动

---

① 《江泽民总书记在全国宣传思想工作会议上发表重要讲话强调 以科学理论武装人 以正确舆论引导人 以高尚精神塑造人 以优秀作品鼓舞人》，《人民日报》1994 年 1 月 25 日。

② 《唱响奋进凯歌 弘扬民族精神》，《人民日报》2008 年 6 月 21 日。

③ 《习近平在党的新闻舆论工作座谈会上强调 坚持正确方向创新方法手段 提高新闻舆论传播力引导力》，《人民日报》2016 年 2 月 20 日。

④ 《习近平在全国宣传思想工作会议上强调 举旗帜聚民心育新人兴文化展形象 更好完成新形势下宣传思想工作使命任务》，《人民日报》2018 年 8 月 23 日。

摇，要把舆论引导的主导权牢牢掌握在自己的手中。这就需要我们强化阵地意识，特别是要注意充分发挥主流媒体的主阵地作用，确保其切实担负起舆论引导的政治责任，决不为错误言论提供传播渠道和扩散空间。

同时，要切实做到守土有责、守土负责、守土尽责，要按照谁主管谁负责和属地管理原则，严格落实政治责任、领导责任、把关责任，把正确舆论导向落实到各个环节、各个方面和整个过程，这样才能担负起时代赋予的职责使命，始终保持政治定力，坚持以正确的舆论引导人，唱响主旋律，传播正能量，推动党和人民事业蓬勃向前。

（二）要加强主动引导

在新形势下，舆论引导格局和社会舆论生态发生巨大变化，使得舆情十分复杂，舆论引导任务非常繁重，因而需要我们以强烈的责任感和担当精神，主动适应国内外传媒生态和舆论格局的变化，因势而谋，应势而动，顺势而为，加强舆情监测和研判分析，提前预判，率先发声，主动引导，占领舆论制高点，切实掌握舆论工作的主动权，打好主动仗。

新闻工作者要充分认识舆论引导工作的重要性，积极主动地承担起舆论引导的责任，在此基础上，要解决好如何主动引导舆论的问题。新闻工作者要牢固树立“主动引导才是最有效的引导”的理念，要根据舆情热点及时回应社会关切，重视并加强选题策划、议程设置、信息发布等各个环节的工作，要做到谋划在前，主动发声，尽可能抢占舆论传播的“第一落点”，要敢于主动同一切错误言论展开交锋，在主动引导过程中实现舆论引导的良好效果。

四、把网上舆论引导作为新闻舆论工作的重中之重

互联网的发展，改变了传媒生态和舆论格局，使得互联网成为思想文化信息的集散地和舆论的放大器，也使网络舆论的作用和影响越来越大。这就需要新闻工作者高度重视网上舆论引导，要将其作为新闻舆论工作的重中之重，增强网络舆论引导能力，切实做好网上舆论引导工作。

（一）互联网已成为意识形态斗争主战场

当前，互联网的迅猛发展使得网络传播迅速从边缘走向主流，网络舆论已成为社会

舆论中不容忽视的重要力量，成为意识形态斗争的主战场。西方一些反华势力妄图以互联网这个“最大变量”来“扳倒中国”，我们在这个战场上能否顶得住、打得赢，直接关系到国家的意识形态安全和政权安全。

因此，我们必须把网上舆论斗争作为意识形态领域斗争的重中之重和当务之急，要高度重视，长期坚持。总之，要深刻认识做好网上舆论工作的极端重要性，努力掌握网上舆论引导的主动权，健全网上舆论引导机制，真正打赢这场网上舆论战。

（二）要取得网上舆论斗争的优势

在网上舆论斗争中能否取得优势，是关系国家意识形态安全，乃至国家前途和命运的大事，这就要求新闻舆论工作者牢记自己的政治责任和社会使命，牢固树立政治意识、大局意识、核心意识、看齐意识，始终坚持正确政治方向，这是确保网上舆论优势的前提条件。

要确保取得网上舆论优势，还需要具备勇于担当、敢于亮剑的精神。对那些来自于敌对势力的网络舆论攻击要敢于主动迎战，针锋相对地同它们展开较量，绝不能退缩，不能态度暧昧，要有理有利有节地开展网上舆论斗争。同时，还要注意分析并掌握网上舆论斗争的特点和规律，要敢于针锋相对，讲究战略战术，做到主动出击，不能被人家牵着鼻子走。要善于根据不同情况采取有针对性的行动，力求出奇制胜，以取得网上舆论斗争的优势。

第二节　全面坚持正确舆论导向

在新的舆论传播环境中，舆论导向工作极端重要，而当前我国新闻媒体在舆论导向方面还存在一些问题和不足，这就需要始终把坚持正确舆论导向摆在首位，并将它贯穿到新闻舆论工作各个方面和各个环节之中。

一、当前我国舆论引导工作的现状

从当前新闻舆论工作的实际情况及效果看，绝大多数新闻媒体和新闻工作者能够自党坚持正确舆论导向，积极宣传党的路线方针政策、工作决策和工作部署，反映人民群众的伟大实践和精神风貌，唱响主旋律，传播正能量，为实现中华民族伟大复兴的中国梦做出了重要贡献。但有些媒体在舆论导向中也存在一些问题。这些问题涉及面广，表现形式多样，而且频繁发生，后果严重，造成很大的负面影响。

如有的媒体任意丑化党史国史，矮化英雄模范，贬损正面政治人物，传播与党的路线方针政策、与主流意识形态和社会主义核心价值观相抵触的思想和价值观念，在社会上产生了不良影响；有的媒体鼓吹拜金主义、享乐主义、极端个人主义，宣传腐朽消极和不健康的生活方式，在引导群众生活和消费方面偏离正道；有的媒体一味迎合部分受众需要，热衷于刊发“星、腥、性”方面的内容，传播低俗庸俗媚俗信息，污染了社会风气，侵蚀了人们的思想；有的媒体为了吸引眼球，不顾事实不计后果地炒作新闻；有的媒体在报道一些社会事件时情绪偏激，说话不讲分寸，对公众造成思想误导；有的媒体背离事实捕风捉影，以讹传讹，有的甚至无事生非，传播流言蜚语，炮制虚假新闻，既败坏了媒体信誉，也恶化了社会环境。

近些年来以上种种情况在媒体上都有表现，特别是在网络媒体上更是突出。这提醒我们，坚持正确舆论导向依然任务繁重，决不可掉以轻心。

二、新闻舆论工作各个方面都要坚持正确舆论导向

正是鉴于我国新闻舆论工作所面临的复杂形势和在舆论导向方面所存在的问题，习近平在党的新闻舆论工作座谈会上对舆论导向问题提出了涉及各个方面、各个环节的要求：“各级党报党刊、电台电视台要讲导向，都市类报刊、新媒体也要讲导向；新闻报道要讲导向，副刊、专题节目、广告宣传也要讲导向；时政新闻要讲导向，娱乐类、社会类新闻也要讲导向；国内新闻报道要讲导向，国际新闻报道也要讲导向。”①

这是一种“全覆盖”的导向要求，它涵盖了承载信息传播和舆论表达功能的所有媒体平台、栏(节)目类型和报道类别。这就是说无论什么新闻媒体类型、新闻产品种类和报道呈现方式都要坚持正确舆论导向。

---

① 《习近平在党的新闻舆论工作座谈会上强调　坚持正确方向创新方法手段　提高新闻舆论传播力引导力》，《人民日报》2016年2月20日。

（一）都市类媒体和新媒体要坚持正确舆论导向

都市类媒体作为都市社会文化生活信息的重要传播载体，每日为城市市民提供社会生活各个层面的新闻信息、生活资讯，满足他们信息获取、休闲娱乐等的需要，在引领群众思想和社会舆论方面发挥着重要作用，因此要比照党报党刊，坚持“一把尺子、一个标准、一条底线、一体推进”，肩负起引导舆论的职责和使命，把正确舆论导向意识贯穿到新闻舆论传播的各个方面和各个环节。

随着互联网的出现，商业网站和社交媒体快速发展，普通网民逐渐成为舆论传播主体，由博客、微博、微信等“自媒体”营造的舆论场在舆论传播中的作用日益显现，新媒体已成为新闻竞争的主战场和舆论争夺的新阵地。在这种情况下，舆论引导格局更加复杂化，因此需要格外重视并大力加强新媒体的舆论引导工作，这就要求新媒体同样要把坚持正确舆论导向摆在工作的首位。

（二）副刊、专题节目、广告宣传要坚持正确舆论导向

副刊、专题节目的内容涉及社会生活方方面面，提倡什么、反对什么，肯定什么、否定什么，欣赏什么、鄙视什么，都会传递出一种态度倾向，都是某种意识形态形塑的结果，都会影响人们的思想和行为，由此起到导向作用，因此也需要强化舆论导向意识，发挥导向功能，成为以社会主义核心价值观为引领传播正确舆论的重要阵地。

广告从表面看是一种满足社会与公众生活和消费需要的信息传播，但其背后却潜藏着广告制作者的思想偏好、价值倾向和利益诉求。广告一经传播便会对群众的思想意识、消费观念和生活情趣产生积极或消极影响，并会影响社会风气。因此，广告宣传也须坚持正确舆论导向，要严格把好事实关、思想关和政策关，坚决杜绝虚假和不良广告，防止不实和误导宣传。

（三）娱乐类、社会类新闻和国际新闻要坚持正确舆论导向

娱乐新闻能够满足人们愉悦身心的需要，给人们带来审美享受，但一些低俗、庸俗、媚俗的娱乐新闻也会误导群众思想，污染社会风气。因此，娱乐类新闻也要坚持正确舆论导向，要以“寓教于乐”的理念指导新闻写作和节目制作，用积极、健康、有益的作品激发人们追求真善美，陶冶情操，涵养道德。

社会类新闻也须注意舆论导向问题，要全面反映社会状态、社会心理和社会情绪，多用积极、健康、有益的，能引导人们积极向上的社会新闻去鼓舞、激励群众，而不要去报道那些哗众取宠、猎奇展艳，销蚀人们思想，侵害人们心灵的有害的社会新闻。

当前，与西方发达国家媒体相比，我国国际新闻传播能力还不强，影响力有待进一步提高。但从国家发展战略看，我国需要打造与国家经济、政治和外交地位相匹配的国际化媒体，要加强国际传播能力建设，增强国际话语权，讲好中国故事，传播好中国声音，因此国际新闻报道也要讲导向，要不断提高引导力，扩大影响力，实现积极的导向效果。

三、新闻舆论工作各个环节都要注重舆论导向

正确舆论导向不仅仅是靠新闻作品来体现的，它还体现在新闻舆论工作的整个过程和各个环节之中。这就要求新闻舆论工作的整个过程和各个环节，包括管理、采访、写作(制作)、编辑(编导)、出版、发行(播报)等都要把握好舆论导向。

(一) 媒体管理要讲导向

要坚持正确舆论导向，就需要创新媒体管理，要把新闻舆论工作的领导权牢牢把握在党组织手中。党的新闻舆论工作须适应新的形势，创新体制机制，全面落实党管媒体的原则，始终坚持正确政治方向，牢牢掌握新闻舆论工作的领导权、管理权。新闻舆论工作管理部门要把党管媒体原则落实到各级各类媒体，重点是要管好互联网媒体，管好网络舆论导向。

(二) 新闻传播的全过程都要讲导向

新闻媒体要把坚持正确舆论导向贯穿到新闻采集、撰写、编排、发布的各个环节，落实到采写人员、编辑人员、签发人员，做到层层把关，人人负责。特别是要加强对新媒体的管理，严格其把关要求，使得新媒体工作的各个环节都能够坚持正确舆论导向。2017 年 1 月国家网信办联合相关部门制定印发的《互联网新闻信息标题规范管理规定(暂行)》，对此就提出了明确的要求。互联网新闻信息稿件标题的发布不得出现以下情况：

拓展资料

《互联网新闻信息标题规范管理规定（暂行）》

歪曲原意、断章取义、以偏概全；偷换概念、虚假夸大、无中生有；低俗、媚俗、暴力、血腥、色情；哗众取宠、攻击、侮辱、玩噱头式的语言；法律法规明确禁止的和明显违反社会公序良俗的其他内容。严禁在标题中使用“网曝”“网传”等不确定性词汇组织报道或者表述新闻基本要素。严禁各类夸张、猎奇、不合常理的内容表现手法等“标题党”行为。严禁通过各类具有暗示的页面编排、标题拼接等不当页面语言，传播错误导向。

（三）各类各级媒体及其工作人员要严格落实把关责任

各类各级新闻媒体要加强行业自律，自觉落实主体责任，完善内容审核把关和监督检查机制，不制作、发布和传播非法有害信息。新媒体尤其是市场化媒体，在坚持正确政治方向、党性原则、党管媒体原则等方面较为薄弱，因此需要特别加以重视。

在新媒体环境下，网民已成为新闻生产与传播的参与者，这就需要教育引导广大网民遵守互联网秩序，依法上网，文明上网，共同营造风清气正的网络环境。同时，要加强内容监管，及时清理网络谣言及各类有害信息。在重大政治原则和大是大非问题上，要敢于亮剑，敢于亮明旗帜，开展针锋相对的舆论斗争。

总之，坚持正确舆论导向是我国新闻舆论工作者的重要使命。它事关党和国家前途命运，事关党和人民各项事业，是新闻舆论工作的灵魂。广大新闻舆论工作者要用高标准严格要求自己，时刻注意新闻报道的导向效果，不断提高舆论导向的能力和水平，把正确舆论导向贯穿到新闻舆论工作的各个方面、各个环节之中，绝不可掉以轻心。

第三节　努力提高舆论引导质量和水平

坚持正确舆论导向事关重大，那么怎样才能做好舆论引导工作，实现舆论引导的积极效果呢？习近平提出，做好舆论引导工作“关键是要提高质量和水平，把握好时、度、效，增强吸引力和感染力”①。这是对以往舆论引导成功经验的概括总结，也是今后做好舆论引导工作的基本遵循。

新闻媒体要提高舆论引导质量和水平，需要做好以下几方面的工作。

一、主动设置议程，增强舆论引导议题设置能力

新闻媒体具有“议程设置”功能，它可以通过在新闻事件及其他报道中设置某些议题来吸引受众注意，进而影响其思想倾向和行为方向。增强舆论引导的议程设置能力，是坚持正确舆论导向的有效手段，而主动设置议程，变被动引导为主动引导是新闻媒体加强舆论引导的关键所在。

（一）完善议程设置机制，掌控议题发布权、定义权和解释权

要主动设置议程，需要有一个完善的机制。首先，要把握好时机，对一些新闻事件尤其是突发性新闻事件可能产生的舆论和舆论走向要及时作出判断，提前设置议题，做好工作预案。

其次，要把握好议题的类别，要能对各种需要进行舆论引导的议题的重要性迅速作出判断，并设置相应的议程，制定出相应的预案，这样才能在议程启动之时及时作出反应。

第三，议程启动后，要在第一时间对相关议题做出反应，迅速抢占和掌控议题发布权、定义权和解释权，以赢得舆论引导的主动，特别是要注意控制好引爆议题发生的时间点，及时跟进，有效应对，把握主动。

（二）调整议程设置策略，及时回应社会关切

议程启动后，随着事态的发展和舆情的变化，原先所设置的议题会呈现出不同态势和走向，社会与公众也会对议题作出不同反应，并会不断提出新的质疑和关切。这就需要新闻媒体适时调整议程设置策略，及时回应社会关切，为人民群众释疑解惑。

---

① 《学习习近平总书记 8·19 重要讲话》，人民出版社 2013 年版，第 12 页。

纵观各类议题及其演变情况，大凡能够及时回应社会关切、正确反映社情民意的，往往易于获得舆论引导的主动权，使舆论朝着正确的方向发展，并在良性互动中提升政府公信力。因此，面对公众质疑和社会关切，不能采取回避态度，而应主动回应，并适时采取相应行动，这就需要新闻媒体在议题设置过程中善于关注民意，了解民声，把握民情。

另一方面，新闻媒体要注意在回应社会关切时做到策略得当，措施稳妥，要善于随着形势的变化和议题的演变，不断对传播策略进行调整，使之能够更好地适应议题演变态势。

（三）重视议程设置效果，积极参与受众互动

舆论导向正确与否，最终要通过实际效果来考量。只有所设置的议题在传播过程中被社会与公众所认知和接受，并最终引发公众共鸣，形成社会共识，才算是达到了议程设置的目的。因此，及时、准确、全面地了解社会与公众的需求与意愿、质疑与关切是议程设置的关键所在。这就需要新闻媒体积极参与受众互动，不断吸收反馈意见，并在接受反馈的过程中完善议程设置的策略，在互动过程中实现设置议题的目标，这是保证和检验议程设置效果的重要一环。

二、准确研判舆情，增强突发事件舆论引导能力

（一）做好舆情监测，准确研判舆情

“舆情”，既是舆论生成前的一种情势和状态，也是舆论生成后可能呈现的走向和态势。它是公众对于某些社会现象和问题所表达的信念、态度和情绪的反映，因此往往成为舆论产生的征兆。

做好舆情监测和研判，有助于了解和把握社会关切和民众情绪，进而主动前移舆论引导关口，前瞻性地做好舆情调控，发现并提前处理一些倾向性、苗头性问题，这样就可以更有针对性、准备更充分地去引导舆论，做到主动出击，提前引导，把握主动权。

（二）增强突发事件舆论引导能力，有效应对舆论危机

近些年来，随着改革的深入和社会的转型，各种利益关系调整日益增多，各种矛盾冲突和社会风险日益显现，由此所引发的突发性事件不时出现，对社会稳定与发展造成

冲击和影响，党和政府以及新闻媒体都面临着应对突发事件的考验。如何准确研判舆情，增强突发事件舆论引导能力成为当前舆论引导工作中的一项重要内容。

所谓“突发事件”，是指突然发生，造成或者可能造成严重社会危害，需要采取应急处置措施予以应对的政治事件、自然灾害、事故灾难、公共卫生事件和社会安全事件。

突发事件往往事发突然，危害严重。应对突发事件涉及预防、监测与预警、应急处置与救援、事后恢复与重建等一系列环节，风险高、难度大，因此需要建立有效的防范和应对机制来防控突发事件，特别是防控由此而引发的“舆论危机”。

所谓“舆论危机”，是指由于不利舆论占据舆论场中心地位而使舆论指向者处于困难关头的现象。及时而有效地化解舆论危机，是党委政府和新闻媒体都须认真考虑的问题，而提高舆论引导能力是化解和渡过舆论危机的基本要求。

要避免和防止引发舆论危机，平稳化解突发事件所引发的矛盾和问题，需要注意以下几方面：

1. 要广开言路

即要给予群众自由发表意见、表达观点的机会，并注意保护群众的这种自由权利，要鼓励群众对政府工作提出批评和建议。只有保持舆论表达的渠道畅通，群众的意见和要求能够自由表达，情绪和冤屈能够及时倾诉，使社会处在一种舆论平衡状态，这样才能最大限度地减少或避免出现舆论危机。否则，如果正常的舆论通道不畅通，甚至被堵塞，群众有话无处说，有冤无处诉，有情绪无处宣泄，那么，群众积压的情绪和积累的意见，就可能导致沉默中的情感爆发，那时所产生的舆论就会是破坏性的，对政府来说，就会形成舆论危机，造成被动局面。

2. 要及时疏导

即要使社会舆论能够通过正常渠道顺利传播，不出现“中梗阻”现象。如果采取“堵塞”办法，有意阻止那些自己认为不利的舆论传播，往往会适得其反，不但“堵”不住，可能还会导致越堵传得越快、越欢的现象。在互联网条件下，“堵”的做法已经越来越难以奏效，而且往往是越堵越被动，越堵越事与愿违。实践说明，有效的做法是积极疏导，要使那些积极、正向的舆论能够逐步壮大声势，特别是对那些在群众中已有一定影响的热点舆论，更应当适时将其纳入与党和政府所主张并着力弘扬的主流舆论场中，使其发展为主导性舆论。而对那些消极、负向的舆论则应尽快地加以疏导，使其淡出舆论场，防止它形成舆论危机，造成负面影响。

3. 要掌握主动

即要在舆论酝酿、生成和发展的过程中主动干预、主动引导，尽可能避免知而不言、闻而不动，任由各种舆论随意传播、四下蔓延的情况。特别是在负向舆论已经生成且呈蔓延之势时，更应当主动阐明观点，亮明态度，用正向舆论去引导，将社会舆论纳入正确轨道，使负向舆论淡出舆论场。对一些已经形成的舆论，特别是一些表面看来是非不清，或是明显属于消极负面的舆论更要积极主动加以引导，要防止其继续扩散，绝不能采取回避做法，绝不能在民众渴望了解事情真相时不解释，不应战，任凭其四下蔓延，出现媒体“缺位”和“失语”的情况，把舆论引导权拱手让人。

在当今互联网时代，舆论传播极其快捷，有时顷刻间便会刮起一阵舆论风暴，稍稍的思想迟疑和行动迟缓都会造成被动。因此，对已经形成的各种舆论，特别是消极负向舆论，首选的态度和做法是积极应对，主动应战。

三、把握好“时度效”，增强舆论引导的效果

把握好“时度效”，是做好舆论引导工作的基本要求。习近平提出：“要抓住时机、把握节奏、讲究策略，从时度效着力，体现时度效要求。”① 具体说，就是要处理好舆论引导中的“时效”“节奏”，以及“力度”“分寸”和“效果”“实效”等问题。

（一）注重时机和节奏

抓住时机和把握好节奏是舆论引导实现理想效果的基本要求。误了时机，不讲节奏，舆论引导就不可能收到理想的效果。

人们常说“新闻贵新”，新闻存在的一个重要价值就在于它不断求“新”。新闻总是以最快的速度去报道公众关注的欲知、应知而未知的最新事实信息，舆论引导要体现注重时机和节奏，首先就须立足于“抢时效”，要争取在第一时间发布新闻，第一落点作出反应，以争取主动。实践说明，谁能抢到舆论引导的第一落点，谁能在第一时间发出新

① 《习近平谈治国理政》第二卷，外文出版社 2017 年版，第 333 页。

闻，谁就能赢得先机，占据舆论引导的制高点，避免陷入被动。

在实际工作中，有些新闻媒体不重视时效，对于应该快速作出回应、及时加以引导的舆论反应迟钝，回应迟缓，常常等到舆论扩散蔓延成大势时才发出声音，有的甚至出现“缺位”和“失声”现象，这样一来往往会造成被动，失去舆论引导的主动权和主导权。

舆论引导要有精准的时机观念和适宜的节奏观念，要尽可能选择对引导舆论有利的最佳时机，运用恰当的报道节奏来发布新闻和引导舆论。这就是说，对新闻舆论介入或回应的时机和节奏要进行精心选择。一个新闻事件发生后，是先介入或回应还是后介入或回应，是强度回应还是控制节奏适时回应，需要有周全的考虑。有些非突发性事件，如果情况比较复杂，一般不宜匆忙表态或回应，而应注意选择适宜的时间再作回应和引导。如一些疑点和难点问题，当事实还没有完全呈现，各方还有较大争议时，就需要适当缓一缓、看一看，等弄清事情原委再作回应，不要匆忙作报道，更不宜轻易下结论。而对一些重大突发性事件，特别是已经形成或即将形成舆论热点的问题，则要尽可能及时发布新闻，披露权威信息，以避免为传闻和谣言提供传播空间。

总之，要时刻注意把握好舆论引导的时机和节奏，充分考虑舆情的变化和舆论的发展，善于根据变化的舆论来组织新闻报道和进行舆论引导，使之前后连贯，相互呼应，成为一个有序的整体，以实现舆论引导的最佳效果。

（二）把握力度和分寸

“时度效”中的“度”，主要指的是舆论引导的力度和分寸，包括新闻舆论的报道力度，以及时间长度、范围广度、频次密度等。

在舆论引导过程中，对于已经出现的问题和发生的事件，哪些需要高频次持续强化报道进行“热处理”，哪些只需简短报道进行“冷处理”；哪些要深入连续报道，哪些只需点到为止；哪些要全国媒体联动报道，哪些只需各家媒体自行报道，这些都需事先周密考虑，要善于从政治上对事件本身做出正确评判，对舆情做出准确研判。在此基础上，才能准确拿捏新闻报道和舆论引导的力度和分寸，把握好火候，做到既不“过火”，也不“欠火”，更不“哑火”，力求适度而不过度。

经验证明，如果新闻媒体在某一新闻事件发生后有意或无意地回避本应及时回应的问题，就容易引发群众的猜疑，并且使得公众不得不设法从其他渠道来寻找相关信息。此时，传言、流言，乃至谣言便会获得滋生土壤和传播空间，在社会上广为扩散，从而影响公众的判断。而一旦群众已先入为主地获得了一些错误信息并形成了看法，再想使之改变往往要付出加倍的努力。

从这个意义上讲，新闻媒体对群众关注，并且已在社会上形成“热点”的问题，对涉及群众切身利益的问题，对群众有话要说和有意见要发表的问题，须及时、充分、有力地作出反映和报道，特别是对那些该强化的舆论一定要强化，该弱化的舆论要适当弱化，该退出的舆论要及时将其清除出舆论场，这样才能掌握舆论引导的主动权，也才能取得舆论引导的好效果。

舆论引导要讲力度，但并不意味着用力越猛越好，总是把弓弦拉得紧紧的。有些媒体有时为了追求新闻宣传和舆论引导的效果，常常不顾群众的接受心理和承受能力，连篇累牍地去搞“大轰大嗡”和“狂轰滥炸”，其结果往往事与愿违。毛泽东 1948 年在对《晋绥日报》编辑人员的谈话中就批评了这种现象。他指出：“你们的缺点主要是把弓弦拉得太紧了。拉得太紧，弓弦就会断。”① 他还引用古人所说“文武之道，一张一弛”，来说明新闻工作要做到有张有弛，张弛适度。历史上这方面的一些教训值得我们记取。

（三）讲求效果和策略

“时度效”中的“效”，指的是舆论引导最终所取得的效果，这是舆论引导质量和水平的最终考量指标。在“时、度、效”中，“时”和“度”是方法，“效”是目的。在舆论引导过程中，要有强烈的“效”的意识，无论是选择信息发布的最佳时机，还是把握舆论表达的适宜尺度，都要把取得良好的舆论引导实效和效果作为目标。

“效”，通常包括“效力”“效应”和“效益”三个方面。“效力”，指的是舆论引导的传播力，它通常通过新闻舆论传播的“到达率”，如发行量、采用率、收视(听)率、点击率、转载率等传播覆盖情况表现出来，同时也可以通过跟帖、留言、分享等受众互动情况反映出来。传播力决定影响力，没有传播力的舆论引导是一种无效的引导。新闻媒体需要通过改进新闻舆论传播内容、形式和方式，尽可能地吸引受众，努力扩大发行量、

① 《毛泽东选集》第 4 卷，人民出版社 1991 年版，第 1321 页。

采用率、收视(听)率、点击率、转载率，这是对增强舆论引导“效力”的基本要求。

“效应”，指的是舆论引导的影响力，它通常通过新闻舆论对受众的影响效果体现出来。如果新闻舆论传播的是正能量，对受众的影响是正面的、积极的，那么“效应”就是好的。而如果新闻舆论传播的是负能量，对受众的影响是负面的、消极的，那么“效应”就是不好的，有的甚至可能具有破坏性。

“效益”，指的是舆论引导的社会效益。正确的舆论引导可以带来积极、有利的社会效益，对社会发展与进步起到促进和推动作用。而错误的舆论引导则会带来消极、有害的社会后果，对社会发展与进步起到阻滞和破坏的作用。因此，争取实现舆论引导好的社会效益，应该是舆论引导的预期目标和最终检验标准。

“时度效”的核心是“度”。“度”是质和量的统一，也是情和理的统一，“适度”，是做好舆论引导的关键与核心。其实，无论是“时机”“时宜”，还是“力度”“分寸”，都有个“度”的问题，而唯有把握好“度”，才能解决“效力”“效应”和“效益”问题。由此看来，在舆论引导中，把握好“度”至关重要。

“讲究策略”，应该贯穿在舆论引导体现“时度效”的整个过程之中，或者说，追求“时度效”本身就是新闻报道和舆论引导的一种策略与要求。当年毛泽东曾用“新闻、旧闻、不闻”，作为对新闻舆论工作的策略与要求。“新闻、旧闻、不闻”的基本内涵是，新闻报道什么，不报道什么，要根据实际情况，要考虑是否对我有利来决定取舍。即新闻报道或急、或缓、或舍，该抢、该压、该“按兵不动”，一切都要以是否对我有利为标准。有些新闻信息第一时间发布对我们有利就要力争在第一时间发布，这叫作“新闻”；有些需要放放再说，就不急于发表，选择对我们有利时再发，这叫作“旧闻”；还有些新闻信息，即使很有新闻价值，别的媒体都报了，为了表达一种立场和态度就须以不发为好，这叫作“不闻”。

虽然在传播手段日益现代化的今天，尽可能地第一时间发布新闻已成为一种常态，而“旧闻”和“不闻”的情况已十分少见，但它作为一种新闻宣传和舆论引导的策略和理念，还是值得我们思考和重视的。其实，“时度效”问题与这一策略和理念也是相通的。

“时度效”具有综合性和整体性，须将三者融合起来，从整体上加以把握。这就要求新闻媒体和新闻工作者增强大局意识和全局观念，提升政治判断力和新闻敏感性，掌握辩证唯物主义和历史唯物主义科学方法，把握好“时度效”，唯此才能取得新闻宣传和舆论引导的好效果。

四、推出有思想、有温度、有品质的新闻作品

“推出有思想、有温度、有品质的作品”，是习近平在党的新闻舆论工作座谈会上提出的要求。“有思想、有温度、有品质”，是新闻作品所追求的佳境，推出“有思想、有温度、有品质”的新闻作品，是做好舆论引导的重要抓手，唯有这样的作品才能更好地体现出舆论引导的质量和水平。

（一）有思想的新闻作品才有引导力

“有思想”的新闻作品，指的是对客观存在的事物能够作出正确思维反映的新闻作品，它既与“无思想”相对，也与思想苍白、没有独立见解相异。

新闻作品是新闻报道者根据自己的价值判断对新闻事实进行选择和判断的结果，其中总会或显或隐地蕴含着报道者的思想。新闻作品如果无思想，就只能是平庸之作、无魂之作，无多大价值甚至毫无价值可言。

新闻作品的思想，往往隐含在新闻报道的背后。它可能体现在报道者对报道题材与角度的选取上，也可能体现在报道内容的展示上。通常，高明的新闻报道者往往善于将客观叙述新闻事实与正确表达思想倾向有机地统一起来。新闻报道者的思想，能够对新闻作品的素材选择和主题提炼起到烛照和统领的作用。

新闻作品的思想，从根本上说来自于报道者的思想理论素养和调研及思考能力。这就要求新闻报道者对于新闻事件和社会现实要进行独立思考，而不能人云亦云，要善于将自己的思想成果融入新闻作品之中，唯有这样，所写出的新闻作品方称得上是“有思想”的作品，而只有这样的作品才真正具有引导力。

（二）有温度的新闻作品才有感染力

“有温度”的新闻作品，指的是能够传递人间情感温暖人心的新闻作品。可以说新闻作品的“温度”源自于新闻工作者“勿忘人民”的情怀。一个新闻工作者如果能够真

正把人民放在心中的最高位置，牢固树立以人民为中心的工作导向，时刻把人民的利益挂在心怀，始终与人民群众同甘苦、共患难、齐爱憎，坚持用充满人民情感的心去观察生活，用饱蘸人民情感的笔去报道新闻，那么他创作的新闻作品就能够传递人间真情，温暖群众心田，而这样的新闻作品就会是“有温度”的。

新闻工作者要想写出“有温度”的作品，就须坚持“走转改”，真正做到“俯下身、沉下心，察实情、说实话、动真情”①。

“俯下身、沉下心，察实情”，就是要放下身段，自觉投入火热的现实生活，走到人民群众之中，去体察民情、倾听民声，而不能高高在上，目中无人，脱离群众，要力戒心浮气躁，谨防“人到心未到”和“身入心未入”。这既是“转作风”的关键所在，也是“有温度”的活水源头。

“说实话”，就是要把观察到的现实生活的真实情况和倾听到的人民群众的真实愿望如实地反映和表达出来，要说符合实际的话，说实实在在的话，说掏心窝的话，而不说假话大话空话，不说违心的话。这是“有温度”的具体体现。而要做到这一点，需要新闻工作者有胆有识有良知，要有崇高的使命感和高度的责任感。

“动真情”，就是要真正带着对人民群众的真实情感去采访写作，要与采访对象和人民群众实现真情传递与良好互动。唯此，才能创作出真正“打动人心”的、“有温度”的优秀新闻作品，才能够担负起服务群众、引导舆论的重任。

（三）有品质的新闻作品才有吸引力

“有品质”的新闻作品，是指新闻作品要有质量。而“质量”，就体现在新闻作品要具有思想高度、吸引力和感染力；要能够产生正能量，形成积极影响；要能够打动受众，给受众留下良好印象。只有那些能够吸引人、鼓舞人、激励人、引导人的新闻作品才称得上是“有品质”的新闻作品。

要写出“有品质”的新闻作品，就须以深入扎实的采访为基础，以真实且充实的内容为根本，同时要具有思想深度和高超的表达技巧。新闻作品的深度，关键取决于报道者思想的深度，没有思想深度、浅尝辄止的作品，难言有什么“品质”。

---

① 《习近平在党的新闻舆论工作座谈会上强调 坚持正确方向创新方法手段 提高新闻舆论传播力引导力》，《人民日报》2016年2月20日。

新闻作品的生产是一个系统工程。“有思想、有温度、有品质”，涉及新闻作品采访、写作、编辑、制作的全过程。它既确立了新闻作品生产制作的标杆，又指明了新闻作品达到佳境的路径。加深对这三方面要求的领会，对于提高舆论引导质量和水平具有重要意义。

思考题

1. 如何理解正确舆论导向的内涵?
2. 请联系实际谈谈坚持正确舆论导向的重要性。
3. 请谈谈新闻媒体怎样坚持全面的舆论导向。
4. 如何把握舆论引导中的“时、度、效”?
5. 怎样使新闻作品“有思想、有温度、有品质”?

第七讲　坚持正面宣传为主

正面宣传是我国新闻宣传工作中的一种有效传播方式。在长期实践中，我国新闻媒体积累了正面宣传的丰富经验，形成了正面宣传为主的基本方针。“主题宣传”“典型宣传”“成就宣传”“形势宣传”等，是“正面宣传为主”方针指导下的几种有效的宣传报道方式。本讲将从宣传、正面宣传等核心概念出发，阐述“正面宣传为主”方针的内涵，重点分析主题宣传和典型宣传的特征及其实践要求，并探讨正面宣传与舆论监督的辩证关系，以及如何实现二者有机统一。

第一节　做好正面宣传，弘扬主旋律传播正能量

“正面宣传为主”是中国共产党新闻工作的基本方针。如今，随着信息网络传播技术的迅猛发展，传媒生态和传播环境发生了重大变化，我国新闻宣传工作面临许多新问题新挑战，在这一背景下，我们需要继续坚持这一方针，进一步提高新闻宣传的质量和水平，发挥好弘扬主旋律、传播正能量的积极作用。

一、正确认识宣传、议程设置与正面宣传的内涵

“正面宣传为主”，作为我国社会主义新闻工作的基本方针有其科学内涵。要全面认

识其含义，首先需要弄清楚“宣传”“正面宣传”以及“议程设置”这几个相关概念的内涵。

（一）宣传的内涵及其与新闻的关系

“宣传”，是一个与新闻相互关联的词语，在我国，人们习惯上把新闻报道视为一种宣传活动。实际上宣传与新闻虽有联系，但在服务对象、传播形式和价值判断等方面都存在着区别和差异，是两种不同的社会现象。

人们在对宣传与新闻两者关系的认识上，主要有以下几种观点：一是等同论，认为一切新闻都是宣传，新闻等同于宣传；二是对立论，认为宣传与新闻毫不相干，两者不能掺和在一起；三是交叉论，认为宣传与新闻既有区别，又有联系，既不完全相同，也不完全对立，两者好比两个相交的圆，既有互不交叉的独立部分，也有相互交叉结合的部分，此即人们常说的“新闻宣传”。

我们赞同交叉论的观点，认为它理论上说得通，同时也比较符合我国新闻工作实际。实践说明，新闻可以承担宣传功能，“新闻宣传”概念是成立的。

在西方国家，宣传常常被作为“贬义词”使用。如有人把宣传视为操纵他人认知意图的一种说服活动，还有人将宣传与“洗脑”“意识形态灌输”“说教”“思想控制”等词语联系起来。不难看出，这些认识都把宣传看作贬义的。宣传的确是一种带有明显政治属性的社会传播活动，但将它等同于“洗脑”“意识形态灌输”“说教”“思想控制”，这种理解是片面的。

我们认为，宣传是一种普遍的、具有特定思想指向的社会传播活动，作为新闻传播的一种有效形式和手段，其积极功能应该得到充分发挥。例如，宣传将传播者的思想主张和情感信念宣示和传达给目标受众，可以使他们首先获得认知效果，进而拉近与传者之间的距离，以便进一步沟通和交流。在此基础上，它还可以影响公众的意识和行为，起到思想引领和舆论引导作用。从这一意义上说，宣传与新闻如果结合得好，能够发挥聚合作用，产生积极效果。本节所说的“宣传”，主要指的就是借助媒体报道所进行的宣传。

（二）议程设置的内涵及其与宣传的关系

“议程设置”是西方传播学者马克斯韦尔·麦库姆斯和唐纳德·肖（M. McCombs &

D. Shaw）首先提出的概念。他们认为，大众传媒有意关注某些问题而忽略另一些问题的做法，本身就可以影响公众思想和社会舆论。

通常，人们一般都会倾向于了解大众传媒所关注的问题，并采用它们为这些问题所设置的优先次序来确定自己对这些问题的关注程度。而正是这种正相关关系，确立了大众传媒的“议程设置”功能。大众传媒通过赋予各种议题不同程度的“显著性”的方式，可以起到影响公众认知的作用。公众利用大众传媒设置的这些话题去组织他们自己的议程，并决定哪些是最重要的议题。时间长了，大众传媒所强调的议题就成了公众认为重要的议题。

大众传媒的议程设置功能，可以在新闻传播中起到如下作用：突出某些话题，进而吸引受众注意，并将其转化为受众关注的话题，借以影响受众思想倾向和行为方向。而这种功能与宣传有着异曲同工的效果。

因此，议程设置与宣传存在一定关联，从某种意义上说，议程设置者的传播行为本身带有一定的宣传意味，是一种具有特定指向的传播活动，事实上也属于一种宣传行为，只不过表述不同而已。实践说明，“议程设置”过程中的“设置话题”“告知事实”“引起关注”“影响他人”等，都是宣传活动中的重要环节，了解议程设置与宣传的关系对于做好宣传工作具有一定参考价值。

（三）正面宣传的内涵

“正面宣传”，顾名思义，指的是从积极方面组织的，能够产生正向效果的社会传播活动。它可以作两个层面的解释：从动机和内容看，是指传播者的行为出于正当的动机，传播的内容也是正面的；从过程和效果看，是指传播者通过恰当的内容选择和有效的传播手段来实现正面的说服效果。这两个层面应该是有机统一、相辅相成的。

宣传作为一种有目的的社会传播活动，是传播者通过选择适当的内容和设置相应的议题，借助媒体有针对性地说服目标受众的过程。在这个过程中，有效的宣传需要传播者、媒体、受众三者议程的有效兼容，实现三者意愿的趋同。传播者选择的话题能否转化为媒体议程，而后再由媒体议程转化为受众预期，取决于传播者议程设置的质量和水平。而“正面宣传”，即是传播者出于正当动机，精心选择和设计正面议题进行传播，意在对公众施加积极影响的一种社会传播活动。

如今在新媒体快速发展、信息传播日益开放的环境中，受众已不再是过去传统媒体条件下那种被动消极接受传播的客体，而是具有选择能力和判断能力的积极接受并“反客为主”参与传播的主体。这就要求传播者在观察并了解目标受众预期的前提下，遵循宣传规律和新闻传播规律，进行有效的议程设置，选择恰当的正面内容，有针对性地对受众施加积极影响。

二、坚持团结稳定鼓劲、正面宣传为主的方针

“团结稳定鼓劲、正面宣传为主”是我国新闻工作长期坚持的基本方针，是引领我国社会主义新闻事业不断前进的行动指南。

（一）坚持正面宣传为主，让主旋律和正能量占据舆论优势

2013 年习近平在全国宣传思想工作会议讲话中指出：“坚持团结稳定鼓劲、正面宣传为主，是宣传思想工作必须遵循的重要方针”。他提出“必须坚持巩固壮大主流思想舆论，弘扬主旋律，传播正能量，激发全社会团结奋进的强大力量。”① 2016 年习近平在党的新闻舆论工作座谈会上再次重申并强调要坚持团结稳定鼓劲、正面宣传为主的方针，并将它作为四个必须“牢牢坚持”的新闻工作基本方针和原则之一。②

“正面宣传为主”，是指新闻报道要把弘扬主旋律、传播正能量、宣传社会主义核心价值观和组织主流舆论作为主要任务，在报道时间、数量和整体规模上占据优势，起到定向和主导作用。

我国新闻媒体在长期的新闻宣传实践中，已经摸索出一整套坚持正面宣传为主的成熟经验。例如，从宣传议题看，新闻媒体可以主动根据社会动向和群众意向来进行议程设置，有效地将党和政府的政治议程与媒体议程和公众议程结合起来，尽可能将政治议题转化为媒体议题和公共议题，这样正面宣传就有了坚实的社会基础和群众基础。

近些年来我国媒体关于“两会”报道的议程设置就多有创新，实现了政治议题、媒

---

① 《学习习近平总书记 8·19 重要讲话》，人民出版社 2013 年版，第 12 页。
② 《习近平在党的新闻舆论工作座谈会上强调 坚持正确方向创新方法手段 提高新闻舆论传播力引导力》，《人民日报》2016 年 2 月 20 日。

体议题和公共议题的有机统一。通过媒体集中有效的传播，使得党和政府的主张、代表和委员的建议与人民群众的诉求和期待融合在了一起，进而形成了强大的主流舆论，弘扬了主旋律，传播了正能量，收到了很好的传播效果。

经过不断的实践积累，我国新闻媒体从大量的新闻宣传案例中逐渐提炼出了一些常用的核心议题，我们将其称为“主旋律”议题。这些议题概括起来主要有以下内容：宣传党的路线、方针、政策，传播马克思主义理论和中国特色社会主义理论，传播社会主义核心价值观，宣传社会主义理想、信念，宣传社会主义制度优越性，宣传改革开放的成就经验，宣传社会正义、善行义举、道德模范等。这些议题经过媒体的议程设置，转化成媒体语言，然后再传播到社会中去，借此强化公众的感知、理解和记忆，进而形成社会共识，影响公众行动，最终达到弘扬主旋律、传播正能量的正面宣传效果，使得主旋律和正能量成为社会主流，彰显舆论优势。

（二）提高新闻传播质量和水平，增强正面宣传吸引力和感染力

我国新闻媒体在进行正面宣传的过程中积累了许多经验，取得了不少成绩，但也存在一些问题。归纳起来主要有以下一些：第一，报道者以自我为中心，居高临下，目中无人，板着面孔说话，照搬照抄领导讲话或政策文件，群众敬而远之；第二，存在模式化、套路化现象，语言生硬，形式刻板，缺乏亲和力和感染力；第三，满足于形式上热闹，花拳绣腿，实效性不强；等等。这些问题的存在，不但影响了宣传效果，也疏远了受众与媒体的关系。

正面宣传要想真正取得好的效果，首先需要处理好动机和效果的关系，既要有良好的动机，又要追求正面的效果。如果仅仅是追求形式，做做样子，满足于做些表面文章，即使动机再好也往往会事倍功半，甚至事与愿违，难以在群众中真正产生影响。

另外，正面宣传要想取得预期效果，还须讲究策略和方法，特别是要注意把握好宣传的时机与火候，拿捏好宣传的尺度和分寸，让宣传内容和形式更加符合群众的接受习惯，真正为老百姓喜闻乐见。如果用这些要求来衡量和检查我们的正面宣传，显然还有不少差距。

如果对症下药地来改进正面宣传，需要从以下三方面入手：

一是要避免居高临下、空洞说教和照搬照抄领导讲话和政策文件的做法，深入挖掘

和细致解读领导讲话和政策文件的内涵，特别是要注意结合人民群众的思想和生活实际，用发生在群众生活中的鲜活生动的事例来组织报道，开展宣传。

二是要克服模式化、套路化现象，多用人民群众喜闻乐见的形式，和听得懂、愿意听、能接受的通俗语言来增强新闻报道的亲和力和贴近性，体现正面宣传的吸引力和感染力。

三是要克服形式上轰轰烈烈、华而不实的毛病，要坚持通过“走基层”，深入实际、深入生活、深入群众来“转作风、改文风”，要多采写一些暖民心、接地气、有思想、有温度、有品质的好作品，多设计一些融思想性、艺术性于一体的好栏目，多创办一些脍炙人口、寓教于乐的好节目，唯此才能真正受到群众的欢迎，才能真正实现正面宣传的效果。

第二节　加强主题宣传和典型宣传，发挥正面宣传思想引领作用

在长期的新闻宣传实践中，我国新闻工作者积累了开展正面宣传的丰富经验，总结提炼出了“主题宣传”“典型宣传”“成就宣传”“形势宣传”等一些行之有效的正面宣传报道方式。其中，主题宣传和典型宣传是两种最常用和最有效的方式。

一、正确认识主题宣传和典型宣传的特点及要求

主题宣传和典型宣传是我国开展正面宣传的两种有效形式。新闻媒体借此可以宣传党和政府的路线方针政策及重大决策部署，推进各项工作，激励和引导群众。把握主题宣传和典型宣传的报道特点及方法，对于做好正面宣传有着重要意义。

（一）主题宣传的特点及要求

“主题宣传”也称“主题报道”，是指围绕党和政府某一中心工作、重要决策、重大活动以及相关社会热点集中进行专门性报道的方式。它对于集中宣传党和政府的某一中心工作、重要决策，对于集中报道某一重大活动或社会热点问题，帮助人民群众认识其

背景、意义、经验、效果等具有特殊作用。

主题宣传通常都体现了媒体议程与政治议程的对接。新闻媒体根据某个时期党和政府的某一中心工作、重要决策、重大活动或热点问题主动设置议程，将具有重大政治意义的议题迅速设置为媒体议题，并通过一系列的连续报道引发社会关注，帮助群众及时了解报道主题，认识其价值，理解其意义，真正让其主题思想能够落到实处，能够内化为群众的自觉意识和行动，产生积极的社会影响。

近年来，我国主流媒体对“中国梦”“一带一路”“纪念抗日战争暨世界反法西斯战争胜利70周年”“中国共产党成立95周年”“长征胜利80周年”“纪念马克思诞辰200周年”等重大议题和事件的主题宣传，就收到了预期的效果，充分显示出正面宣传的声势和影响力。

通常，主题宣传具有以下一些特点：

第一，报道内容多为政治议题。

主题宣传因为通常主要是配合党和政府的某一中心工作、重要决策、重大活动或热点问题来组织报道，所以其内容多为政治议题。从这一角度说，主题宣传属于一种政治传播活动。这就要求新闻媒体注意选择那些具有重大政治价值和能够引发社会强烈关注的议题作为报道主题。

主题宣传主要是根据政治宣传的需要来设计传播主题和内容，要想获得有效传播必须严格遵循新闻传播规律，要契合受众的关切与期待。如果过度强调以传播者为中心，或完全以传播者的政治宣传需要为出发点，单向度地向受众灌输报道内容，容易导致主题先行、强加于人的结果，致使传播效果受损。

第二，报道手段多用聚合方式。

主题宣传通常多采取团体作战的方式聚焦宣传主题，因此需要调动多方力量，聚合多种资源，进行密集传播。尤其是那些重大的主题宣传，组织者往往要调动报纸、电视、广播、新媒体等多种媒体，集中时间进行密集的聚合传播，而且还要针对不同的媒体采取不同的传播形式和手段，以实现多媒体、多样态、多渠道、多样化，以及多侧面、多角度、全方位、立体式的传播效果。这种聚合式的传播方式，易于整合多方面的力量，形成强大的舆论声势。

第三，报道效果重在回应社会关切。

主题宣传通常都需要从回应社会与公众关切的角度来选择宣传主题，设置媒体议程。也就是说，主题宣传所传播的议题，应该是公众欲知、应知且未知，或是知之不多的重要话题，简言之就是要能够满足公众的关切与期待。如果公众对宣传报道的议题根本不感兴趣，那么即使传播者再起劲卖力，也难以收到预期的效果。因此，有效的主题宣传不该是单向度的传播，而应该基于对公众关切与期待的精准把握，要做到因时而动，顺势而为，方向要对头，方法要对路，分寸要拿捏好，这样才可能获得好的效果。

（二）典型宣传的特点及要求

“典型宣传”，也称“典型报道”，是指新闻媒体对具有典型性和代表性的人物、事物或经验进行报道，用以引导舆论、推动工作和激励群众的一种宣传报道方式。它包括典型人物宣传、典型事件宣传、典型经验宣传等。典型宣传是我国新闻宣传中的“重型武器”，是引导舆论、激励群众的重要手段。成功的典型宣传有利于形成强大的正面舆论，起到凝聚人心、弘扬主旋律、传播正能量的作用。

20 世纪 50 年代，关于黄继光、邱少云等志愿军战斗英雄的宣传和孟泰、马恒昌、李顺达、郝建秀、王崇伦等工农劳动模范的宣传；60 年代，关于大庆、大寨和“铁人”王进喜，以及解放军战士雷锋、县委书记榜样焦裕禄的宣传都给人们留下了深刻印象，其事迹传诵至今，经久不衰。

改革开放以来，我国新闻媒体对那些奋战在改革开放和现代化建设第一线的工人、农民、企业家、科技人员、医务人员、人民教师、文体工作者、解放军指战员、领导干部，以及其他各行各业中的典型人物的报道，也都产生了很好的效果，为推动改革、促进发展、激励民心、鼓舞斗志、弘扬主旋律、传播正能量起到了引领作用。

俗话说，“点燃一盏灯，照亮一大片”“榜样的力量是无穷的”。这些典型人物成为广大群众学习的榜样，大大激发了全国人民以他们为榜样，自力更生，艰苦奋斗，齐心协力建设伟大祖国，实现中华民族伟大复兴中国梦的豪情。

通常，典型宣传具有以下特点：

第一，报道对象具有典型性。

“典型”，是指从现实生活中选取出来的那些具有代表性的人物、事件或经验。这些人物、事物或经验往往代表着社会的发展方向，代表着积极向善的力量，代表着主流价值观，因而具有典型意义。特别是典型人物，其人格品质、思想风貌和精神境界往往为一般人所钦佩和景仰，从而成为社会的道德楷模。

第二，报道效果具有示范性。

典型宣传是通过典型人物或事物的“榜样”力量来对群众形成感召和激励作用，进而产生示范效应。典型宣传就是要发挥所宣传的典型的示范作用，以激励群众，推动各项工作。社会需要有真善美的引领，典型宣传就是要选取人间真善美的典型，让人们见贤思齐，积极向善，弘扬主旋律，汇聚正能量。

第三，报道内容须有可信性。

典型宣传之所以能够受到人们推崇，能够产生鼓舞人、激励人的作用，就在于所报道的典型人物和事件是真实可信的。如果报道的人物和事物是虚假的，甚至是有意编造的，这样的报道就会一文不值，失去群众的信任。因此，典型宣传一定要实事求是，要保证所宣传的典型让人信得过，不能用虚夸编造的方式包装典型，不能用揠苗助长的方式拔高典型，不能用“开小灶”“吃偏饭”的方式催生典型。

二、发挥好主流媒体主题宣传和典型宣传的引领作用

主题宣传是通过议程设置的方式，主动设置舆论话题，在政治议程与公众期待之间建立纽带和桥梁，进行舆论引导，进而实现预期目标。典型宣传则是通过选取典型人物、事件或经验，将公众的目光聚焦到某些关键议题和亮点上，从而实现预期目标。

主流媒体是主题宣传和典型宣传的主力军与领头羊，其主题宣传和典型宣传关乎我国新闻宣传和舆论引导工作的方向和整体效果，对全国新闻媒体具有引领和导航的作用。近些年来，我国中央主要媒体在宣传马克思主义真理、宣传党的主张、反映群众呼声，在宣传阐释党中央重大决策和工作部署，反映人民伟大实践和精神风貌，唱响主旋律和传播正能量，激发全党全国各族人民为实现中华民族伟大复兴的中国梦而团结奋斗等方面发挥了重要作用，为全国媒体引领了方向，树立了榜样。

在社会结构、媒体形态和受众需求都呈现多元化状态的今天，在互联网等新兴媒体的传播力和影响力不断增强的背景下，媒体之间的新闻竞争日益激烈，这对主流媒体加强议程设置，开展正面宣传带来了空前挑战。在这样的传媒生态中，主流媒体如何做好

主题宣传和典型宣传，如何继续发挥自己在正面宣传中的传统优势，更好地起到引领和导航的作用，需要有新的思维、策略和手段。具体可以从以下方面努力：

（一）选题要立意高远

不论是主题宣传还是典型宣传，都不是一般意义上的宣传报道手段和方式，而是新闻宣传中的“重型武器”，需要在议题设计、题材选择以及报道方式方法上高于一般的宣传报道。其中最重要的就是选题的立意要高远，要注意站在时代的高度，运用时代的眼光，把握时代的脉搏，选择那些符合时代精神，能够回答时代难题，回应社会关切和群众期待的题材，这样组织的正面宣传才能起到引领方向的作用。

（二）报道要实事求是

主题宣传和典型宣传要想取信于公众，其关键是要坚持实事求是。相关报道要坚持用事实说话，要善于通过事实本身的力量来赢得公众的信任。通常情况下，公众对那些空洞、死板、生硬的宣传极为反感，而乐于接受那些具体、生动、有内在说服力的事实，愿意通过了解事实，自己做出判断，而不愿别人对他们发号施令。因此，新闻媒体在进行主题宣传和典型宣传时应当注重用事实说话，善于运用现实生活中具体、生动、形象而有说服力的事例与典型来启发和引导群众。

对于新闻工作者来说，需要学会客观、真实、朴素地叙述自己的所见所闻，将自己想要表达的立场和说明的观点寓于对事实的客观叙述之中，使受众在接受报道的过程中不知不觉地接受其中蕴含的立场和观点。这是新闻工作者应当掌握的一种重要的宣传艺术和技巧。

（三）文风要朴实无华

主题宣传和典型宣传要力求文风朴实，要善于用朴实无华、实实在在的语言叙述事实，表达观点，说明道理。尤其是典型人物宣传，更要力求文风朴实，这样报道和宣传的典型才会让受众感到可读、可信、可亲、可学，而不是远离自己、高高在上、不食人间烟火的“圣人”和“神仙”。

以往有些典型宣传为了追求轰动效应和理想化效果，运用一些虚浮夸大的语言来粉饰、美化和拔高典型，其结果反而使所报道和宣传的“典型”可读而不可信、可敬而不可亲、可望不可即。近些年来我国媒体的典型宣传已有很大改进，特别是自从开展“走转改”活动以来，大批记者深入基层、深入生活、深入群众，所采写的典型报道及许多普通百姓的事迹朴实无华，给受众留下很好的印象。

（四）内容要接地气

常言道：“榜样的力量是无穷的”，但若榜样都是那些不食人间烟火的、可望而不可即的“神”，这种“榜样”就会脱离群众，也难有亲和力和感染力。相比那些“高、大、全”的英雄，普通百姓中的那些“草根”英雄更有亲和力和感染力。近些年全国各地涌现出了一大批来自民间的见义勇为、热心助人、不图回报、默默无闻的平凡人物。他们中有普通工人、农民、战士、教师、医护人员、技术人员、基层干部等，其事迹十分感人。另外，中央电视台每年推出的“感动中国十大人物”中，也有相当比例是普通人。这些人平时就生活在寻常陌巷，与平常人没什么区别，但关键时刻，他们舍己为人，显示出英雄本色。也有很多典型人物并没有惊天动地之举，他们做的都是一些平平凡凡的小事，但正是这些日积月累的平凡小事，铸就了他们的非凡形象。

这说明，主题宣传和典型宣传的议题和内容选择一定要接地气、连民心、通民情，要以满足百姓兴趣、关切和需求作为出发点和归宿，而且要以此作为检验宣传效果的标准和依据。

第三节　实现正面宣传和舆论监督的有机统一

“正面宣传”与“舆论监督”，从字面上看，一个是要作正面报道，一个是搞批评监督，似乎是对立的，但其实它们之间是辩证统一的关系。在现实生活中，善与恶、清与浊都是同时存在的，这就需要新闻媒体直面工作中存在的问题和社会丑恶现象，扮演起惩恶扬善、激浊扬清的角色。在长期的实践中，我国新闻媒体始终坚持把开展正面宣传和进行舆论监督作为自己的两项重要职责，并努力实现两者的有机统一，在坚持开展正面宣传的同时搞好舆论监督。

一、舆论监督的内涵及意义

“舆论监督”，顾名思义是借助舆论手段所实行的监督。而“新闻舆论监督”在社会主义国家，实质上是人民群众借助新闻媒体对执掌国家权力的党和政府有关部门及其工作人员，以及各种社会成员及社会现象所进行的监督。它是人民群众参政、议政，参与国家和社会事务管理的一种有效形式。

新闻媒体作为一种社会舆论机构，是社会监督的重要武器，它可以监督政府工作中的缺点和错误，可以批评群众中的消极落后现象，可以揭露社会上的阴暗面和腐败现象。舆论监督是新闻媒体的一种基本功能，也是新闻工作的一项基本原则。勇于开展舆论监督，是新闻媒体的社会责任，也是具有立场、有作为、有影响的表现。

中国共产党一向重视开展新闻批评和进行舆论监督，把它作为党的建设的重要法宝，作为党克服消极思想侵袭、保持健康肌体的有力武器。毛泽东就主张要像每天洗脸、扫地一样，把批评和自我批评列为日常工作。他十分注意运用报纸开展批评，提出凡典型的官僚主义、命令主义和违法乱纪的事例，应在报纸上广为揭发。他还把“让人民来监督政府”，看作确保党的纯洁和政治清明，防止掌权之后出现“人亡政息”后果的重要条件。①

我国社会主义新闻事业正是根据这些原则，坚持把开展新闻批评和进行舆论监督作为衡量新闻媒体党性强弱的尺度。早在新中国成立之初，党中央针对我党处于执政地位“容易产生骄傲情绪，在党内党外拒绝批评，压制批评”的新情况，在 1950 年专门作出了《关于在报纸刊物上展开批评和自我批评的决定》。1954 年《中共中央关于改进报纸工作的决议》又进一步明确规定：“把报纸是否充分地开展了批评、批评是否正确和干部是否热烈欢迎并坚决保护劳动人民自下而上的批评，作为衡量报纸的党性、衡量党内民主生活和党委领导强弱的尺度”。

中共十一届三中全会以后，针对“文化大革命”中这一传统遭到严重破坏的情况，1981 年制定了《中共中央关于当前报刊新闻广播宣传方针的决定》，再次重申：“各级党

---

① 赵之献主编：《毛泽东建党学说论》下，人民出版社 2003 年版，第 1118 页。

委要善于运用报刊开展批评，推动工作。”自1987年党的十三大开始，历次党代会政治报告中，都有关于加强舆论监督的内容。2005年中共中央办公厅又专门印发了《关于进一步加强和改进舆论监督工作的意见》，要求各级党委和政府、社会团体及其工作人员要重视舆论监督工作，支持新闻媒体的采访活动，为采访报道提供方便。同时要求基层单位不得封锁消息、隐瞒事实、干预舆论监督，不得以行贿、说情等手段对舆论监督进行干预。有关地方和部门应当对舆论监督作出积极反应，对媒体揭露的问题应当及时调查处理，并通过媒体公开处理结果。

搞不搞舆论监督，关系新闻机构的形象和新闻宣传的效果，关系新闻媒体的权威性和公信力。新闻媒体“经常有一点严肃认真的批评，提倡什么，反对什么，态度鲜明，就显得有生气，有战斗性。群众的愿望、意见、要求得到了反映，心情就舒畅，积极性就高涨。群众的情绪能够通过正当渠道得到疏解，就不至于来个‘总爆发’，也有助于整个社会的稳定。反之，如果没有一点批评，新闻报道就会显得沉闷、呆板，缺乏生气，缺乏战斗性。”①

二、正确处理正面宣传和舆论监督的关系

“正面宣传”和“舆论监督”，从表面看似乎是对立的，但其实它们之间是一种辩证统一的关系。习近平就明确指出：“舆论监督和正面宣传是统一的。”②

我们强调正面宣传为主，并不是将它与舆论监督对立起来。在社会主义新闻事业中，二者都不可或缺。正面宣传是运用新闻手段去发掘社会生活中的光明、正义、善行、义举，发现社会生活中的好人好事，传播正能量，传递人间大爱。而舆论监督则是对党和政府工作中的缺点和失误，党员干部中的腐败现象，以及人民内部出现的问题及错误开展批评和进行监督。

批评监督的目的是为了纠正错误，改进工作，帮助同志，促进各项事业的发展和进步。有的人把舆论监督看作是“给党抹黑”“给政府添乱”，把它视为一种“负面宣传”，这是曲解了舆论监督的积极意义，忽视了舆论监督的正面效果。应该说，虽然舆论监督大都是关于负面问题的报道，但其出发点和落脚点都是积极的，因此不该把它看作是

① 李瑞环：《坚持正面宣传为主的方针》，《人民日报》1989年12月3日。
② 《论学习贯彻习近平总书记新闻舆论工作座谈会重要讲话精神》，人民出版社2016年版，第6页。

"负面宣传"，从一定意义上说，它是对正面宣传的一种有益的补充和配合。习近平就提出新闻媒体要直面工作中存在的问题，直面社会丑恶现象，激浊扬清、针砭时弊，同时指出发表批评性报道要事实准确、分析客观。①

要处理好正面宣传和舆论监督的关系，需要注意以下方面：

（一）正面宣传须实事求是，重在求实效

要正确处理正面宣传和舆论监督的关系，首先要解决好正面宣传的效果问题。我们说的正面宣传为主，并不是要求无条件地唱赞歌、说好话，正面宣传如果不尊重事实、不注重宣传的时机和艺术，一味"主题先行"，把正面事物概念化、绝对化，只会产生相反的效果。

为此，正面宣传需要坚持实事求是，要善于摆事实，讲道理，求实效。而要做到这一点，关键是要处理好新闻与宣传的关系，做到新闻与宣传相互配合。经验说明，有的群众之所以对一些新闻媒体的宣传不满意，究其原因，很大程度上是由于这些媒体片面强调宣传而不尊重新闻传播规律，不讲究宣传报道艺术，不考虑群众的实际需求。

新闻与宣传尺度的拿捏，实际上就是要处理好摆事实与讲道理之间的关系。在如今信息爆炸的媒介化社会，人们对媒体宣传报道的要求越来越高。要想让公众接受并信服媒体的宣传报道，一是要坚持用事实说话，二是要做到以理服人。"用事实说话"，就要把事实客观全面地报道出来，让公众了解事实真相。"以理服人"，就是要把道理讲清楚，说明白，让人信服。摆事实不能说假话、空话、大话、套话，讲道理不能"以其昏昏，使人昭昭"，这样都达不到预期的宣传效果。

（二）舆论监督要以大局为重，重在建设性

要处理好正面宣传和舆论监督的关系，还要确保舆论监督要以大局为重，有利于团结稳定鼓劲，做到准确监督、科学监督、依法监督、建设性监督。这就要求舆论监督须着眼于纠正失误、改进工作，促进事业发展进步，维护社会和谐稳定，做推动社会发展进步的促进者。因此，要尽可能抓住那些群众关注、政府重视，具有倾向性和带有普遍

① 《论学习贯彻习近平总书记新闻舆论工作座谈会重要讲话精神》，人民出版社2016年版，第6页。

意义的问题展开舆论监督，而且要立足于促进问题的解决。这就需要本着实事求是的态度，辩证地看待问题和失误，既不回避和掩饰问题，又要把握好批评的度，注意批评的策略和分寸，不要把话说满，还要给被批评监督者留有认识错误和改正错误的机会，力求最终实现批评监督的积极效果。

（三）两者之间须相互配合，力求形成合力

在我国社会主义事业中，积极正面的事物是主流，而消极负面的事物是支流，只有坚持正面宣传为主才能真实反映我国的社会面貌，反映社会积极向上的本质。另外，我国正在进行伟大的中国特色社会主义建设事业，面对的挑战和困难很多，需要利用正面宣传激发全社会团结奋斗、攻坚克难的强大力量，调动各方面的积极性、主动性和创造性，共同实现宏伟目标。

同时，为了改进工作、减少失误，惩前毖后、治病救人，也要运用舆论监督的手段来批评缺点错误和失误，揭露各种社会不正之风和腐败现象，通过针砭时弊、激浊扬清来改进工作。所以，舆论监督和正面宣传在本质上是统一的，而不是对立的，二者需要相互配合支撑，力求形成合力。

思考题

1. 如何认识宣传、议程设置、正面宣传、主题宣传和典型宣传？
2. 怎样理解新闻工作要坚持正面宣传为主的方针？
3. 做好主题宣传和典型宣传，应该注意哪些原则和方法？
4. 怎样才能实现正面宣传与舆论监督的协调统一？
5. 请结合案例分析我国新闻媒体在坚持正面宣传方面的经验和教训。

第八讲　坚持新闻真实

坚持新闻真实是对新闻报道的基本要求，也是社会主义新闻事业必须遵循的基本业务规范和工作原则。新闻真实是一个需要反复强调并在新闻实践中时刻注意的问题。在网络媒体时代，各种信息海量涌现，致使新闻媒体对新闻信息源的核实更加困难，从而增加了坚持新闻真实的难度。

本讲将对如何全面认识新闻真实的意义，如何准确把握新闻真实的内涵及要求，如何防治虚假报道，以及如何看待微观真实与宏观真实等问题展开阐述，以便更好地维护和坚持新闻真实性原则。

第一节　正确认识和准确把握新闻真实的意义、内涵及要求

新闻要真实是新闻界普遍认可的原则，但在日常新闻实践中新闻失实和虚假报道却屡屡出现，因此，正确认识新闻真实的意义，准确把握其内涵及要求格外重要。

一、真实是新闻的生命

要做到新闻真实，首先需要全面认识其重要意义，把真实视为新闻的生命，真正像

爱护自己的生命一样维护新闻的真实。

（一）真实是满足受众新闻信息需求的基本前提

根据马克思主义的新闻起源理论，新闻是在人类生产劳动实践中，为适应人们的信息需要而产生的。人类在生产劳动实践中结成了相互依存的社会关系，彼此需要沟通信息，以消除对周围环境的不确定性认识，并根据所获得的认识决定自己应采取的行动，从而能动地改造世界。新闻就是在这种社会性生产劳动实践中，基于彼此间信息沟通的需要而产生和发展起来的。

按照这一认识，新闻的最重要功能之一，是能满足人们获取信息的需要，能帮助人们借助媒体传播的真实信息正确认识周围环境，进而能动地改造世界，使自己更好地生存和发展。相反，新闻若不真实，就会误导受众，导致错误的认识和行动。在这个意义上说，真实是受众对新闻信息的基本要求，是受众之所以需要新闻信息的基本前提。

（二）真实是新闻产生和存在价值的基本要求

新闻与文学、艺术、科学等，同为人类认识和反映现实生活的形式。新闻认识和反映现实生活的最主要特征是反映事实本身。

马克思主义新闻本源理论告诉我们，新闻的本源乃是事实，新闻是对事实的报道，是对客观事物本身的活的写真；先有事实，后有新闻；事实是新闻的本源，是决定新闻存在的基础，新闻是对事实的如实报道。

从这个意义上说，真实是新闻产生和存在的基本要求，是新闻之所以成为新闻的基本特性，是体现新闻存在价值的基本要素，不真实的“新闻”根本就不是新闻。

（三）真实是新闻媒体赢得受众的基本条件

新闻媒体有多种社会功能，其中最核心的功能是提供新闻信息。新闻媒体要想充分发挥这种功能，有效吸引受众，最基本的条件是向受众提供真实的新闻信息。

新闻媒体对于受众的根本意义就在于，能够为受众提供外部世界变动情况的真实信息。新闻若不能真实反映社会运行和发展中的最新变动情况，就失去了吸引和赢得受众的基本条件，也就失去了存在的价值。

（四）追求真实是无产阶级新闻事业的优良传统

无产阶级新闻事业自诞生以来，始终把追求新闻真实作为一以贯之的追求。无产阶级的阶级本质及其彻底唯物主义精神，决定了其新闻事业必然将求真、求实作为其理性追求和工作准则。

无产阶级革命导师在办报实践中对新闻真实问题都十分重视。马克思把新闻真实视为报刊的本质，视为报刊获得人民信赖的基本条件，视为区分好报刊和坏报刊的标准。① 他在主编《新莱茵报》期间对不真实的报道毫不留情。一旦发现报道失实，立即让有关人员作出检查、更正，严重的，还要终止他们继续为报纸撰稿。

列宁指出："我们的力量在于说真话"。② 他提出报纸"要向公众作全面介绍，阐明真相，不吹嘘，不浮夸，也绝不散布谣言和传播见不得人的小道消息"③。他说，"吹牛撒谎是道义上的灭亡，也势必引向政治上的灭亡"④。

中国共产党历来强调新闻工作的真实性原则。1925 年，毛泽东在《政治周报》发刊词中就提出，报刊要"忠实地报告我们革命工作的事实"⑤。1945 年，在党的七大报告中，毛泽东告诫全党，要"讲真话，不偷、不装、不吹"。⑥ 刘少奇提出新闻工作"第一要真实"，他告诫记者："是反对就是反对，是欢迎就是欢迎，是误解就是误解，不要害怕真实地反映这些东西。"⑦ 长期担任宣传部门领导工作的陆定一曾意味深长地说："新闻工作搞来搞去还是个真实问题。新闻学千头万绪，根本性的还是这个问题。有了这一条，就有信用了。有信用，报纸就有人看了。"⑧

中国共产党新闻事业始终重视新闻真实问题，在革命战争年代就已形成了坚持新闻真实的传统。新中国成立后，在受极"左"路线影响的一段时间里，坚持新闻真实的传统受到破坏，新闻事业的公信力遭受严重损害，但在十一届三中全会以后，伴随着实事求是思想路线的重新确立，作为党的新闻事业优良传统的新闻真实问题，重新得到重视

---

① 《马克思恩格斯全集》第 1 卷，人民出版社 1995 年版，第 353、398 页。
② 《列宁全集》第 11 卷，人民出版社 1987 年版，第 329 页。
③ 《列宁全集》第 11 卷，人民出版社 1987 年版，第 204 页。
④ 《列宁全集》第 11 卷，人民出版社 1987 年版，第 331 页。
⑤ 《毛泽东文集》第 1 卷，人民出版社 1993 年版，第 22 页。
⑥ 《毛泽东文集》第 3 卷，人民出版社 1996 年版，第 349 页。
⑦ 《刘少奇选集》上卷，人民出版社 1981 年版，第 402—403 页。
⑧ 陆定一：《新闻必须完全真实》，《新闻战线》1982 年第 12 期。

和加强，新闻真实重新成为新闻工作者追求的目标和工作的重要原则。

二、把握新闻真实的内涵及要求

要做到新闻真实，还要准确把握其内涵及要求，要做到如实报道事实信息，力求揭示事实真相，努力从总体上、本质上和发展趋势上全面地反映和报道事实。

（一）新闻须如实报道事实信息

如实报道事实信息，做到事实信息完整、准确，是新闻真实内涵及要求的最基本层面。具体包括如下三方面要求：

1. 所报道的事实信息必须确有其事

新闻必须根据事实来描写事实，所反映的必须是在时间和空间中确实发生过或正在发生的事实。人要确有其人，事要确有其事。若新闻所报道的人和事在现实中不存在，新闻真实就无从谈起。

2. 对事实信息的描述须准确无误

在确有其事的基础上，对事实信息的描述和呈现必须准确无误，完全符合实际情况。具体包括：构成新闻的基本要素，包括时间、地点、人物、事件等均须准确无误；对与事实相关的细节描述要有根有据，不能搞“妙笔生花”或“合理想象”；新闻中所使用的背景材料要核实无误，不能道听途说。

3. 对事实的概括、解释和评述须全面客观、实事求是

新闻报道在解释事实发生原因，揭示不同事实信息间的内在关联，评价事实的意义和影响的过程中，必须做到全面客观、符合实际，不能以偏概全、以点代面，不能用孤立、静止的眼光看待和评价事实，应力求将事实放在其发展变化的脉络中和与其他事实的关联中认识和评述。

（二）新闻要力求揭示事实真相

力求揭示事实真相，做到从总体上、本质上和发展趋势上反映和报道事实，这是新闻真实内涵与要求的第二个层面。具体包括三方面要求：

1. 要从总体上反映事实

从总体上反映事实，就是要求新闻报道不能简单地就事论事，不能仅仅做到“有闻必录”，应该从事实的全部总和中把握事实，努力从事物发展的总体出发，全面地、辩证地审视和考量事实，舍弃偶然性或个别性事实，选择能反映事物总体面貌的事实进行报道，力求使新闻报道能在总体上反映出某一社会生活领域的真实图景。

如果离开对客观事物总体面貌的把握，不是从事实的全部总和及相互联系之中反映和报道事实，即使每则新闻所报道的事实都是真实的，所有相关报道合起来所反映的整体情况不一定就是真实的。

列宁曾说：“在社会现象领域，没有哪种方法比胡乱抽出一些个别事实和玩弄实例更普遍、更站不住脚的了。挑选任何例子是毫不费劲的，但这没有任何意义，或者有纯粹消极的意义，因为问题完全在于，每一个别情况都有其具体的历史环境。如果从事实的整体上，从它们的联系中去掌握事实，那么，事实不仅是‘顽强的东西’，而且是绝对确凿的证据。”①

2. 要从本质上反映事实

从本质上反映事实，就是要能透过事实与事实之间的内在联系，反映事物的内在品质和规律，善于透过事实的表象，挖掘事实的本质，揭示事实与事实之间客观存在的内在联系。对一些带有全局性、倾向性的问题，对一些重大事件、敏感问题，不能仅仅停留在就事论事、现象描述的水平上，而应力求做到对所报道事实的整体、宏观和本质的把握。

3. 要从发展趋势上反映事实

从发展趋势上反映事实，就是要求用发展的眼光审视新闻事实，把新闻事实放在一定的历史条件下，放在变动发展的历史过程中，考察其发生、发展和演变的过程，分析其发生、发展的内外部原因，明确其在社会变革与时代演进过程中的位置和作用。要善于在事物的运动和发展过程中确定其现时状态和未来趋势，使新闻报道与事物的发展趋势和发展规律相吻合，防止用孤立、静止的眼光看待和描述事实。

总之，新闻报道只有做到从总体上、本质上和发展趋势上全面地反映事实，才能够

① 《列宁全集》第28卷，人民出版社1990年版，第364页。

真正反映和揭示事实真相，才算是完全做到了新闻真实。

第二节 防治虚假报道，维护新闻真实

新闻真实如此重要，那么如何看待媒体上新闻失实乃至公开造假现象屡禁不止的现象？虚假报道到底能不能从根本上得到防治？要回答这两个问题，就须弄清虚假报道产生的原因，特别是要弄清互联网条件下新的信息传播生态给坚持新闻真实带来的新挑战，然后才能对症下药。

一、虚假报道产生的原因

虚假报道的表现形式多种多样，其产生原因也有所不同，但总的看来不外乎客观和主观两方面的原因。

（一）客观原因造成虚假报道

从客观层面看，不少虚假报道之所以产生，与政治、社会等领域存在的各种因素有着密切关联。

在一些历史时期，由于受极“左”路线的影响，我国新闻媒体曾出现过虚假报道十分严重的情况。例如“大跃进”时期出现的浮夸造假风，“文化大革命”时期出现的“假、大、空”报道，都使虚假报道泛滥成灾。这些虚假报道既玷污了新闻媒体的声誉，也给党和人民的事业带来了严重危害，产生了极其恶劣的影响。

就社会层面看，不少虚假报道之所以产生，与社会风气不正有着密切关系。社会上一些机构、企业、个人出于维护自身利益的需要，常常会向媒体或记者提供虚假情况，致使一些虚假报道得以出笼；有的甚至采用金钱或物质引诱等方式来诱使媒体或记者为其刊登虚假不实的宣传材料，导致虚假报道的产生。

需要指出的是，无论是政治层面还是社会层面的原因，大都只是导致虚假报道产生的外因。按照唯物辩证法的观点，外因是通过内因起作用的。许多虚假报道，从外因看

固然与政治、社会等客观因素有关，但从内因看，无不与媒体和新闻工作者自身的主观因素密切关联。

（二）主观原因导致虚假报道

导致虚假报道产生的主观因素，主要表现在以下方面。

1. 缺乏社会责任感

新闻工作者生活在一定的社会环境中，其行为总会受到这样或那样的影响。如果党风和社会风气不正，弄虚作假盛行，不严不实成风，一些新闻工作者往往难以独善其身、不受影响。然而从深层原因看，关键还在于新闻工作者自身。如若新闻工作者具备坚持真理的政治信念和思想品质，具备心怀国家、热爱人民的政治责任心和社会责任感，就可以增强抵制虚假报道的决心和能力。

从历史和现实看，许多虚假报道的产生都与一些新闻工作者缺乏坚持真理的政治信念和思想品质，缺乏高度的政治责任心和社会责任感密切相关。

但是，我国新闻工作者在坚持真理方面也有许多好传统、好典型。他们以对党负责和对人民负责的高度政治责任心和社会责任感，不畏权势，不谋私利，敢于坚持真理，敢于说真话、报实情，坚决维护新闻真实性原则，受到人民群众的赞许和称道，广大新闻工作者应该继承这些优良传统，增强政治责任心和社会责任感，自觉地抵制虚假报道。

2. 缺乏职业操守

改革开放后，伴随着我国社会逐渐转型和社会主义市场经济体制的实行，社会文化和价值观日益多元，一些腐朽的价值观，如拜金主义、享乐主义、极端个人主义等，冲击着不少人的思想与生活。

受这些消极、负面的人生观和价值观的影响，一些新闻工作者的职业精神和道德理念开始出现弱化，甚至完全缺失。他们不再把新闻工作看作党和人民的事业，不再把新闻工作看作自己终生为之追求和奋斗的事业，而是仅仅视之为谋生的工具和就业的手段。与此相联系，一些人在新闻工作中出现缺乏职业操守的行为，如作风不踏实、调查不深入，习惯于捕风捉影、道听途说，满足于被访者的空谈和被访单位提供的现成材料，不做细致深入的调查和多方面的核实等。这样的工作作风，必然会导致新闻失实，出现虚假报道。

同时，有的传媒机构为了在市场竞争中求得生存与发展，把经济效益放在优先位置，一切“向钱看”，于是对如何搞经营、如何多赚钱、如何获取广告主的青睐强调得多了，而对职业精神、职业理想和职业操守强调得少了。更有甚者，一些媒体和新闻工作者在经济利益驱动下，公然搞钱稿交易，致使出现了虚假报道、以稿谋私等违背职业道德甚至触犯法律的行为和现象。

3. 缺乏专业素养

还有不少虚假报道是由于新闻从业者缺乏新闻专业素养所致。首先表现在专业理论基础不扎实，缺乏对新闻真实理论内涵及业务规范的全面认识和深刻理解，不知道怎样才能真正做到新闻真实。例如有些人不了解新闻真实在不同层面的要求，致使不能全面反映和报道事实；有些人为了追求“宣传效果”，提高发稿率，增强报道吸引力而任意拔高夸大事实，或是搞合理想象，根据自己的主观愿望来写作新闻，或是搞张冠李戴、移花接木、拼拼凑凑，不负责任地报道新闻，等等。

缺乏专业素养的另一种表现是思想方法简单片面，不善于用历史唯物主义和辩证唯物主义的方法观察和认识社会问题与新闻现象。大量事实说明，许多新闻失实或虚假报道的出现都与新闻从业者思想方法的片面性有关。诸如以偏概全、以点代面；夸大一点、不及其余；感情用事、偏袒一方；跟风赶潮、一哄而上；盲目报喜、不愿报忧；眼睛向上、不顾下情；一厢情愿、单向灌输；东拼西凑、生搬硬套；预设方案、牵强附会；言辞激烈、用语绝对，等等。这样简单片面地认识事物和报道新闻，势必会导致新闻失实失真的情况，给人以虚假的感觉。

除以上因素外，也有一些新闻失实现象是由于新闻从业者经验不足、相关领域知识贫乏，以及新闻采编制作等技术环节方面的原因所造成的，如用语不准、编辑不慎、校对不细、审核不严等。

另外，在当今传媒竞争日趋激烈，新闻时效性日益成为重要竞争因素的背景下，为了抢发新闻，对新闻信息缺乏核实查证，看到就编，写好便发，这也是导致虚假报道频频发生的主观原因。

二、认识互联网条件下虚假报道呈现的新特点

随着互联网时代的到来，新闻传播生态发生重大变化，新闻信息发布门槛大大降低，

在这种情况下，虚假信息出现的频率在加快，表现的形式更加多样化，这使得虚假报道呈现出许多新特点，给坚持新闻真实带来了新的挑战。

（一）非专业信息生产与传播者缺乏专业素质

互联网的普及使得话语权下放，任何人借助网络与移动设备都可以成为信息的生产者和发布者，自由地发布信息。而由于非专业信息生产者和传播者素质和能力的局限，致使其发布的信息更易于出现虚假不实甚或完全失实的情况。而且，如今人们越来越依赖于从网上寻找新闻线索与素材，或是满足于对网络信息进行摘编或转发，从而使得网络媒体常常成为虚假信息滋生和扩散的场所。

近年来出现的虚假报道，许多都源于网络媒体发布的虚假不实信息。这些虚假不实信息经过网上热传、网友热议和媒体转发，成为网络时代虚假报道产生的根源。而在此过程中，一些媒体出于时效性考虑，为了抢发“独家新闻”，常常未加调查核实便借助网络上的材料任意发布新闻信息，因而在坚持新闻真实问题上出现了“集体沦陷”的窘境。从宏观上看，这与互联网时代新闻传播生态和与此相关的新闻工作常规程序的变化，以及非专业信息生产者和传播者专业新闻理念的混乱与模糊密切相关。

（二）新闻传播常规程序和要求被打破

在互联网时代，随着传媒生态的变化，传统媒体时代新闻传播的一些常规程序和模式也正在发生变化，一些原本清晰的新闻理念在不少新闻从业者心中开始模糊和淡化。如要深入实际、深入新闻现场调查采访，要对采集到的事实信息进行认真求证核实等常规性职业要求，在不知不觉中被一些人忽略和淡忘了。

再如一些人混淆事实与传闻、信息与新闻、网帖与新闻等界限，将“网传”“网友说”甚至网络流言作为新闻采集、加工和报道的依据，并且错误地认为自己只是转载，不用承担虚假不实的责任。

另外，一些媒体过于追求传播速度，也是互联网时代虚假新闻信息产生的一个原因。讲求时效和追求速度是传统媒体时代就有的新闻传播原则与理念。进入移动互联时代，新闻传播的速度与时效竞争更加激烈。这种竞争不仅体现在传统媒体之间，许多社交媒体、新闻网站，以及网民个体之间同样存在。如果将速度和时效作为判定新闻传播效果的最重要标准，那么耗时费力的调查核实等常规工作自然会被忽略，核实查证意识被淡化，对真实准确这一基本新闻专业准则与理念的认识也松懈了，甚至被放弃。这都会对新闻真实产生程度不同的危害与挑战。

另外，在互联网条件下和市场化环境中，一些以制造虚假信息牟利的公司或个人常常会以不良手段假借新闻形式传播信息，炒作新闻，以达到其特定商业目的。这类虚假信息往往会令传统专业媒体防不胜防，一些媒体不辨真伪，盲目跟进，成为虚假新闻信息的推波助澜者。

（三）媒体融合过程加大了辨识虚假报道的难度

伴随着互联网的产生和发展，媒体融合成为不可阻挡的趋势。互联网等新媒体与传统媒体相互交融，共同成为新闻信息的生产者。互联网为传统媒体设置议题，提供素材与线索，传统媒体对网络空间的各种信息进行摘编、转发，彼此间客观上形成了一种相互依存、难分你我的合作关系。在这种关系中，若源于网络空间的信息是真实准确的，那么对传统媒体的新闻报道无疑是一种促进；反之，若其信息是虚假不实的，那么经过传统媒体的报道，使之得以扩散和放大，其危害就会更大。

与媒体融合趋势相应，互联网条件下的虚假报道也体现出某些“融合”特征。在近年来出现的虚假信息传播链条上，商业网站、网络社区、网上论坛、微博、微信公众号、客户端、传统媒体等各种媒介形态，共同参与传播虚假新闻信息。在这种共同参与中，由于不同媒体间的融合程度较深，再加上数字技术使各个媒体对其他媒体已发布的信息进行加工、修改更加便利，使得一条虚假信息从最初产生到最终产生影响，要经过许多媒体的加工修改、相互加持和接力传播，这就给虚假信息的识别辨认和追究带来更大的难度。

三、虚假报道的防治办法

虚假报道不仅会损害新闻媒体的信誉和公信力，还会影响媒体社会功能的有效发挥，甚至会误导政府和公众，给党和人民的事业造成损失，因此必须采取有效办法加以防治。

由于虚假报道的产生既有政治、社会和互联网带来的新挑战等客观层面的原因，又有媒体和新闻工作者自身层面的主观原因，因此，防治虚假报道，必须多管齐下，全面防治，综合治理。

就客观层面来说，可以通过积极推进民主政治和法制建设，加强党风和社会风气建设，全面落实社会主义核心价值观，加强“三严三实”教育，努力在全社会形成一种人人都说老实话、办老实事，人人都敢于维护真理、坚持原则的社会氛围，以铲除产生虚假新闻的政治土壤和社会土壤。同时，要加强新闻法治建设，强化网络传播环境治理，运用法治手段规范新闻传播行为和网络信息发布、转发等行为，明确认识，强化责任，实现对虚假报道的全面防治。

当然，作为新闻传播主体的新闻媒体和新闻工作者不能坐等政治、社会、网络等环境完全好转后再防治虚假报道，而应首先从自身做起，主动防治虚假报道。

从新闻媒体和新闻工作者自身看，防治虚假报道主要应从以下几方面努力。

（一）增强政治责任心和社会责任感

不少虚假报道之所以产生，从表面看是源于新闻工作者采访调查不深入、信息核实不准确等原因，但进一步分析会发现，其根本原因在于其缺乏政治责任心和社会责任感。

因此，要防治虚假报道，首先需要加强马克思主义新闻观教育，全面提高新闻工作者的思想修养和道德水平，增强其政治责任心和社会责任感，要像珍惜自己的生命一样珍惜新闻真实。在面临互联网时代的新挑战时，新闻工作者更须以高度的政治责任心和社会责任感，本着对党和人民高度负责的精神，对各种网络信息进行认真核实、求证，避免成为网络虚假信息的推波助澜者。

（二）防止简单化和片面性

由于不少虚假报道源于新闻工作者观察和分析新闻事实时的简单化和片面性思维，因此防治虚假报道就应从加强思维训练入手，克服思想上的简单化和片面性。

为此，新闻主管部门和媒体机构应加强对新闻工作者的培训与教育，帮助他们掌握辩证思维方法，学会多侧面、多角度、全方位、立体式地观察和分析新闻事实或社会现象，坚持实事求是，一切从实际出发，具体问题具体分析，防止用简单和片面的思维方式认识事物、报道新闻。特别是对网上出现的各种复杂信息，要能够保持清醒头脑，增强识别能力，避免被各种虚假信息或错误信息欺骗和蒙蔽。

（三）坚持深入实际调查研究

调查研究对于新闻工作意义重大，只有通过深入细致的调查研究，新闻工作者才能获得第一手资料，新闻报道才能做到真实、准确、全面。许多虚假报道的产生，也是由于调查研究不深入所致，有的甚至根本就没有作调查研究，这种情况在互联网时代表现得尤为突出。

互联网等新媒体技术的确为新闻工作者获取各种信息提供了诸多便利，然而，依托互联网等新媒体技术获取信息，不能替代深入实际、深入生活、深入群众的调查研究工作。近年来出现的由于片面依靠网上信息，不作深入细致调查研究与核实求证工作，而导致虚假报道的情况就是最好的说明。

因此，新闻媒体和新闻工作者须大力倡导深入实际调查研究之风，坚持“三贴近”原则，力求使全部新闻报道活动都建立在深入调查研究的基础之上。同时，新闻工作者要掌握调查研究的正确方法，提高调查研究的能力与水平。

（四）健全依法依规惩处新闻造假行为的机制

要从根本上防治虚假报道，需要大力健全依法依规惩处新闻造假行为的机制。政府有关部门应加大现有相关法律和行政法规的执行力度，同时行业主管部门与行业组织应不断完善对虚假报道进行查处、追责和惩罚的机制，加大惩处力度，以防微杜渐，以儆效尤。

（五）建立健全科学有效的工作流程和采编规范

不少虚假报道之所以能“过五关，斩六将”，通行无阻地被编辑制作和传播出去，与媒体内部工作流程和采编规范不健全有密切关系。有些媒体机构虽然制定了具体工作流程和采编规范，但没有严格执行，故而形同虚设。

因此，包括新媒体在内的各种媒体机构应建立和健全工作流程与采编规范，使新闻工作的各个环节，从采写、编辑、审发、排版、校对到印刷、传输，都有明确的工作要求、责任和规矩。同时，要强化落实，使每个业务人员都能养成自觉遵守内部规章与规范的意识，产生对媒体工作流程与采编规范的敬畏感。

在互联网时代，尤其要强调事实信息核查在媒体工作流程与采编规范中的重要地位，以应对网络虚假信息给新闻真实带来的挑战。

第三节　力求微观真实与宏观真实的统一

防治虚假报道，维护新闻真实，除了针对导致虚假报道产生的政治、社会及媒体自身问题对症下药外，还须努力做到新闻真实的两个层面的内涵与要求的统一，既要做到如实报道事实信息，又要做到力求揭示事实本质。前者即人们常说的“微观真实”，后者即人们常说的“宏观真实”。

一般情况下，人们更多关注的是新闻报道的微观真实，对宏观层面的真实虽常有论及，但在具体实践中却很少将它作为明确的目标及要求，也很少有人将它作为鉴别新闻报道虚假与否的标准。要防治虚假报道，切实维护新闻真实，必须了解这两个层面的新闻真实间的关系，掌握处理两者关系的正确方法。

一、微观真实是实现新闻真实的基础条件

新闻所报道的人须确有其人，事须确有其事；新闻报道对事实信息具体要素的描述须准确、完整、全面；新闻报道对事实相关情况的概括、对事实发生原因的解释和对事实所蕴含意义与影响的评述须全面、客观、实事求是，不以偏概全，不以点代面，不做简单化、片面化的分析评述，这是微观真实的基本内涵及要求。

新闻报道从本质上说是对客观存在的社会生活的反映和写真，如实反映社会生活是其基本特征，同时，由于事实是新闻的本源，新闻必须是对事实的报道，因此，新闻对社会生活的反映必然首先表现为对现实生活中发生的丰富多彩的事实的客观反映，或者说，新闻是通过对事实的如实反映实现对社会生活的反映的。

如实报道事实信息，做到新闻报道的微观真实，是实现新闻真实的基础条件和基本要求。一切新闻报道，无论内容是什么，形式如何，都必须首先做到所报道的事实信息

准确无误，绝不允许出现误差，绝不允许对事实进行任何人为改变。离开了微观层面的新闻真实，其他层面将无从谈起。

必须指出的是，虽然微观层面的新闻真实是一种事实性真实，对这种真实的要求比较具体，因此似乎较易把握，但这并不意味着做到微观真实是一件很容易的事。这从每年被揭发出来的大量虚假报道，绝大多数都是因为事实信息不准确甚或虚假而导致的，即可得到证明。必须充分认识微观真实在新闻工作中的重要性，认真对待，严格把关，确保每则新闻报道的基本事实准确无误，无懈可击。

二、宏观真实是对新闻真实的更高要求

作为一种社会意识形态，新闻要想如实反映社会生活，仅做到每则新闻中的事实真实、准确、完整、全面，仅做到微观层面的真实，是不够的，还要努力做到从总体上、本质上和发展趋势上反映事实，要能通过对事实的连续不断的反映和再现，揭示出事物的本质，描绘出整个时代的真实图景和发展趋势，做到宏观层面的真实。这是对新闻真实的更高层次的要求。

每个时代的社会生活都有其本质方面和非本质方面，要想全面、完整、深刻地反映社会和时代的总体面貌及本质内涵，单靠每条事实信息的真实准确是难以完成的，必须对新闻真实提出更高层次的要求。这就要求新闻报道能够从时代和社会发展的高度揭示事物在社会中的存在状态、特征及其本质意义，把局部的、现象的、微观的真实与整体的、本质的、宏观的真实完美地结合起来。只有这样的新闻报道，才能真正如实地反映社会生活，新闻作为一种社会意识形态的功能才算真正实现。

需要强调的是，在多数情况下，宏观真实并非是对记者或单篇新闻报道所提出的具体要求，而是对整个新闻媒体及其新闻报道所提出的整体性要求。因为在一般情况下，仅靠单个记者或单篇报道是很难达到宏观真实的，只有靠新闻机构和新闻工作者整体的力量，通过持续的、连续不断的报道，才能实现宏观真实的目标。同时，宏观真实的实现还要依赖新闻报道在时间上的累积，即需要一个过程。从这个意义上说，宏观真实既是一种总体性真实，又是一种过程性真实。

对于宏观真实的总体性和过程性，马克思在关于“报刊有机运动”的论述中有深刻

说明："只要报刊生气勃勃地采取行动，全部事实就会被揭示出来。这是因为，虽然事情的整体最初只是以有时有意、有时无意地同时分别强调各种单个观点的形式显现出来的，但是归根到底，报刊的这种工作本身还是为它的工作人员准备了材料，让他把材料组成一个整体。这样，报刊就通过分工一步一步地掌握全部的事实，这里所采用的方式不是让某一个人去做全部的工作，而是由许多人分头去做一小部分工作。"①

强调宏观真实的总体性和过程性，并不是说任何单篇报道都不可能做到宏观真实，也不是说，不应对单个记者、单篇报道提出宏观真实的要求。一些带有全局性、倾向性的问题，一些重大事件、敏感问题，由于其本身蕴含着时代发展和社会变动的内涵和本质信息，对这类问题和事件的报道就不能停留在微观真实的层面上，而应从总体上、本质上和发展趋势上去认识和把握，努力做到宏观真实。这也就是我们在谈到宏观真实并非是对单个记者或单篇报道提出的要求时，要在前边加上"多数情况下"这一限定语的原因所在。

三、实现微观真实与宏观真实的有机统一

新闻报道既要做到微观真实，又要做到宏观真实，这是社会主义新闻事业对新闻真实的特殊要求。那么应如何认识和把握这两个层面的新闻真实间的关系，做到微观真实与宏观真实的统一呢？

微观真实是对新闻真实的最基本要求，宏观真实是对新闻真实的更高层次的要求。按照这一基本认识，新闻媒体与新闻工作者在新闻传播过程中就应首先做到微观层面的新闻真实，因为没有这个层面的真实，所谓"新闻"就不存在。从这个意义上说，新闻报道首先必须确保微观真实。

微观真实是实现宏观真实的前提和基础，宏观真实只有以微观真实为基础才能建立起自己的"宏观大厦"。如果一条条具体的新闻报道是虚假的，"宏观真实"就只能变成一种海市蜃楼式的幻想。

那么，做到了微观真实，是否就一定能够达到宏观真实的目标呢？宏观真实是不是

① 《马克思恩格斯全集》第1卷，人民出版社1995年版，第358页。

微观真实的简单叠加呢？答案是否定的。正如前文所述，若离开对客观事物的总体把握，不是从事实的全部总和及事实的联系中选择事实，即使每则新闻所报道的事实都是真实的，所有相关报道合起来所反映的整体情况也不一定是真实的。一些新闻报道，从单个事实看都是真实的，但从总体看，却未能全面反映和报道事物的真实情况，没有揭示出事物的本质特征，这就属于没有在宏观上做到新闻真实。

那么，如何能做到一条条具体的新闻报道都真实(即微观真实)的同时，合起来的整体报道能够反映出时代的本质和社会的整体面貌(即宏观真实)呢？如何能够使单个新闻报道的微观真实，成为通向新闻报道宏观真实大厦的一个个台阶呢？答案是，必须从事实的全部总和中抽取事实，从事实的联系中把握事实。这就需要新闻工作者具备科学的思维方法和严谨的工作作风，同时要掌握实现宏观真实的专业要求，不以孤立和静止的眼光看待事物，要善于用全面的、辩证的、发展的眼光观察和反映事物。惟其如此，才有可能做到一条条具体的新闻报道真实的同时，整个报道合起来能够反映出时代的本质和社会的整体面貌。

思考题

1. 如何理解真实是新闻的生命?
2. 新闻真实有哪些基本要求?
3. 新闻失实与新闻造假有什么区别?　如何防治虚假报道?
4. 如何正确认识和有效处理微观真实与宏观真实之间的关系?

第九讲　实现新闻传播权利与社会责任的统一

在新闻实践中经常会出现这样两种情况，一种是新闻工作者应该享有的新闻传播自由权利不被尊重，受到不应有的限制；另一种则是新闻工作者滥用新闻自由，将媒体的新闻传播权利当成了自己的特权。为什么会出现这两种情况？原因有多种多样，其关键在于没能处理好新闻工作的权利边界问题。

如何从马克思主义新闻观角度理解新闻传播权利？本讲首先要说明新闻传播作为职业权利是人民赋予的一种权利，进而阐释承担社会责任是对新闻媒体的职业要求，在此基础上，重点讨论新闻自由与社会责任之间的辩证关系，通过批判性反思，探寻在新闻实践中实现新闻自由与社会责任辩证统一的路径。

第一节　新闻传播权利是人民赋予媒体的职业权利

新闻传播权利产生于人的主体意识的觉醒，十六七世纪，正是因为意识到人作为知的主体、传播主体而存在，意识到要解决无权的问题首先要解决无知的问题，才出现了欧洲资产阶级所主导的新闻传播活动，以及为新闻传播权利所进行的抗争。工业化以来社会分工的发展，为专业新闻工作者的产生提供了基础，由此而诞生了现代意义上的新闻媒体。

与此相伴随的则是自由权利的演变，衍生出思想自由、言论自由、出版自由等权利的表达。随着新闻业的成熟壮大，古典自由思想中的精英色彩被逐渐剥离，形成一种制度化的自由权利，沉淀在新闻传播的实践中，这就是新闻传播的职业权利。马克思主义在批判性地考察资本主义新闻自由的基础上，确立了新闻传播权利来源于人民的基本思想，从而超越资本主义新闻自由，建构起真正属于人民的新闻自由权利思想。

一、新闻传播的职业权利来源于人民

一般说来，权利是从道德与法律两个层面加以界定的。在道德层面，权利成为一种“应然的权利”，容易使人想起“天赋人权”观。这种观点把权利视为一种人与生俱来的东西，内含对人的平等尊重以及对人的主体性价值的普遍肯定。而在法律层面，权利则成为一种“法定之权”，以法律的形式对行为的权限进行规定。

与“天赋人权”观不同，马克思主义认为，人的权利从来都是历史的、具体的，而非天赋的、抽象的。权利不过是社会经济关系的一种法律形式，其本质是一定社会经济条件和文化背景下的人们对现实的人与人之间的利益关系的调节机制。在权利内涵方面，马克思主义以整体的自由代替了个体的自由，这个整体指向人民——群体与个体的有机统一体；同时以精神的自由超越了资产阶级的感性的自由，这种精神的自由指向人民的自由——各种利益关系的和谐统一。

新闻传播的职业权利源于人的新闻自由权。在资本主义语境中，这里的“人”代表个体的人，一方面强调新闻自由是基本人权，规定每个人在形式上平等地享有新闻传播公共空间，维持在意见的自由市场背景下人与人之间的言论竞争关系。这样一来，新闻自由权不仅是个体的，而且通常是以剥夺其他一些人自由的方式实现的；另一方面又赋予资产阶级通过自由竞争而获得媒介所有权的权利，然后将媒介所有者的意志上升为全社会的意志，通过新闻传播法维护这种权利，并且使之获得公共性和独立性的形式。

马克思在《第六届莱茵省议会的辩论》等文章中系统论述了报刊的人民性特征，并进而揭示出新闻传播的职业权利来源于人民的新闻自由权利。对于当时资产阶级要求的使“各民族的报刊成为表现他的观点的报刊，成为上流社会的报刊，还要求它们围绕个别人物旋转"① 的观点，马克思进行了犀利的批驳，指出没落贵族和资产阶级试图通过对自由的限制来维护自身的特殊等级地位。马克思进一步指出，"报刊是同本国的历史和特殊环境紧密联结在一起的，"② 因此报刊属于创造历史的人民，应当用来表达人民的精神诉求。

来源于人民的新闻传播权利，最终需要以法律的形式得到制度化的保障。列宁曾说，"宪法就是一张写着人民权利的纸"③，经过宪法确认的公民权利便获得了法理上的基础和依据，"宪法是每个公民享有权利、履行义务的根本保证"④。

我们国家对新闻工作者传播权利的规定，以逻辑的形式渗透于宪法之中。我国宪法第 35 条规定："中华人民共和国公民有言论、出版、集会、结社、游行、示威的自由。"这是我国法律对新闻自由的最直接、最明确的认可。言论自由、出版自由等权利为我国公民所普遍享有，其中自然包括作为公民的新闻工作者。新闻传播作为一种典型的言论出版活动，其权利也因此受到我国宪法的明确保障。

我国宪法不仅保障新闻传播的自由权利，同时鼓励并支持新闻事业的发展。宪法第 22 条指出："国家发展为人民服务、为社会主义服务的文学艺术事业、新闻广播电视事业、出版发行事业、图书馆博物馆文化馆和其他文化事业，开展群众性的文化活动"。宪法第 47 条指出："国家对于从事教育、科学、技术、文学、艺术和其他文化事业的公民的有益于人民的创造性工作，给以鼓励和帮助"。这些宪法条文阐明了国家在新闻传播事业发展中应当承担的积极责任，为新闻传播活动奠定了法律基础。

新闻媒体和新闻工作者的新闻传播权利是由人民赋予的，并通过宪法和法律法规的形式予以肯定和保障。新闻事业是社会主义文化建设的重要组成部分，有活力的新闻传播活动有助于社会大众陶冶情操，培养良好的公众意识，同时也有助于社会各行业的有序运转，因此，新闻事业应当受到国家的鼓励和帮助。另一方面，宪法对于新闻事业的性质也进行了界定，只有"为人民服务、为社会主义服务""有益于人民"的新闻事业，才应当得到国家的扶持。

社会主义新闻传播权利是体现公共利益的公法权利，它常常与公民的名誉权、隐私权等私法权利冲突。从国家和人民的立场来处理冲突，必须遵循三个原则：其一是合宪

① 《马克思恩格斯全集》第 1 卷，人民出版社 1995 年版，第 153 页。
② 《马克思恩格斯全集》第 1 卷，人民出版社 1995 年版，第 151 页。
③ 《列宁全集》第 12 卷，人民出版社 1987 年版，第 50 页。
④ 习近平：《在首都各界纪念现行宪法公布实施 30 周年大会上的讲话》，新华社 2012 年 12 月 4 日。

性原则，将多义的法律解释变为合宪性解释，或者对明确的但有漏洞的法律内容进行合宪性审查，从而确保新闻传播权利作为一种制度性权利存在；其二是优先性原则，当事关公共利益时，应当保障新闻传播权利对于一般私法权利的优先性，从而确保新闻传播权利作为人民的知情权与言论自由权的集中表达的特殊地位；其三是去利益化原则，要防止一些媒体及新闻从业人员可能存在的由职业权利导致的权力寻租行为，以及因各种利益关系而形成的不顾事实、歪曲事实、为他人所利用等恶意行为。

二、新闻传播要尊重并维护公众使用媒体的平等权利

特定的利益关系常常导致新闻媒体和新闻工作者对新闻传播权利的误用、滥用和私用，使之将“权利”演变为“权力”，认为自己掌握了信息采集和传播的特权，就可以借此扩大自己的影响，乃至操纵舆论，从中谋利。这都是对新闻传播权利的内在性破坏。要解决这一问题，必须从思想上将新闻传播权利置于人民权利的层面，要确立一个基本观点，即新闻传播要尊重并维护公众使用媒介的平等权利。

一些人之所以把新闻传播“权利”变为新闻传播“权力”，主要是因为没有认清新闻事业及新闻工作的公共服务属性。尽管新闻工作可以对政府行为进行批评监督、对政策信息进行披露发布，客观上发挥着协助政府部门进行国家管理的作用，但新闻工作并不属于国家管理活动。尽管新闻传播权利受到宪法和法律的保护，但这种权利的主体，归根结底是新闻工作者的公民身份，其新闻自由以及与之相伴随的知情权等，并不是新闻工作者专有的、排他的权利。新闻媒体和新闻工作者也不享有凌驾于其他社会部门之上的国家强制力保障。新闻媒体和新闻工作者在工作中所享有的便利渠道是人民赋予的，权利应当为民所享，不能用来谋求私利，也不能据此形成特权心态。

从法律上讲，宪法所规定的言论自由权利是全体公民所共享的一种公权利，新闻媒体和新闻工作者只是代表公民行使权利。为了达到全民共享的目的，新闻媒体和新闻工作者需要始终坚持以人民为中心的工作导向，坚持“贴近实际、贴近生活、贴近群众”的原则，利用好自己的传播渠道，搭建开放的信息交流平台，给予不同地域、不同性别、不同职业、不同社会阶层的民众以平等的媒介使用权利，使之在公开的话语平台上能够就共同关心的问题发表意见、展开讨论。

在我国，新闻工作者坚持深入基层呈现民众的日常生活，反映他们的意见和观点，或者邀请普通民众参与公共谈话节目，使民众有机会在专业人员帮助下，参与新闻的生产和传播，并且借助媒体平台发表自己对于社会公共事务的看法，也为公众参与新闻生产提供了空间。

当然，在信息量巨大的当今时代，维护公众平等地使用媒介的权利，并不意味着让所有人都在媒体上发声或露面。新闻工作者基于自己的专业素养对事件的新闻价值进行评判，对新闻稿件/节目进行把关，这是新闻生产流程中必经的环节。然而新闻媒体在进行新闻把关时，应当维持适当的开放性和弹性，将更多公众的意见和观点吸纳进新闻媒体的公共服务之中。

另一方面，新闻媒体和新闻工作者在报道事件时，需要平衡呈现当事各方的意见和观点，不要一边倒地进行报道，防止无意中造成的意见倾斜。在进行新闻选题和议程设置时，新闻媒体和新闻工作者要力求全面呈现社会动态，尤其注意倾听基层群众的声音。在进行政策解读时，则需充分考虑不同职业、不同阶层人群的不同立场，以及他们可能受到的影响。这些看似是细节，实则都是维护公众平等的媒介使用权利的应有之义。

政府有关部门和媒体管理者也要用适当的补贴和资助来普及媒介设备，对电视、互联网等基础设施做好全面覆盖，尤其要做好县级融媒体中心建设，为广大人民群众能够方便地使用媒介奠定良好的物质基础。与之相配套的是公众媒介素养教育的推广，要通过宣传和交流，使公众更好地理解媒体的功能与职责，善于从媒体报道中获取有用和有益的信息，进一步掌握与媒体互动的技能，从而保障公众平等的媒介使用权利，避免“知识鸿沟”或“数字鸿沟”的扩大。

第二节　承担社会责任是对新闻媒体的职业要求

新闻传播权利既然是人民所赋予的，就必须要用来为人民服务，为社会承担责任。新闻媒体在现代社会中发挥着日益重要的作用，而这也给新闻工作者提出了更大的挑战，要求他们主动承担社会责任，担负起观察社会和捍卫社会公共利益的职责。

一、新闻媒体要担负观察社会和捍卫社会公共利益的职责

新闻媒体对社会来说，就像人身体中周转不息的毛细血管，充分渗透到社会的各个角落。新闻媒体一方面要作为社会的耳目，时刻观察社会，将社会上正在发生的各种事实信息传递给公众，使之了解外部世界正在发生的一切，并以此为基础决定自身的活动。另一方面，公众可以围绕媒体报道的内容展开讨论，讨论的意见通过媒体公开传播，形成公众舆论。公众舆论进一步通过媒体反馈给政府部门及其他社会机构，为之决策提供全面的信息。

同时媒体还是社会权力的监督者。正如马克思所说的："报刊按其使命来说，是社会的捍卫者，是针对当权者的孜孜不倦的揭露者，是无处不在的耳目，是热情维护自己自由的人民精神的千呼万应的喉舌"①。

在我国，新闻媒体负有监督权力运作的职能，担负着捍卫社会公共利益的责任。新闻媒体常常会依据自己掌握的线索或是群众的举报开展调查，选择典型案例公开曝光，在社会上产生影响，形成舆论压力，迫使行政或商业权力机构进行整顿。有的媒体设置相应的"问政"栏目或节目，让政府官员通过媒体平台接受群众的监督和质询。近些年来，在惩治贪腐、食品安全等热点领域，新闻媒体都扮演着舆论监督的重要角色。

二、履行社会责任是对新闻媒体的职业要求

"社会责任"，指的是个人或组织所承担的高于自身目标的社会义务。由于一切个人与组织都是在社会内部生存，因此社会成员在处理与自身有关的决策时，不能仅仅考虑自己的需求，还须考虑自己的行为对社会总体带来的影响。正是由于社会责任的存在，社会才能形成有机的结合体，否则社会成员各行其是，整个社会就会分崩离析，失去向心力和凝聚力。通常，有些社会责任属于道德层面，是对个体成员的道德规范，鼓励他们为社会做出贡献，但并不加以强制。而另一些社会责任则会上升到法律的高度，出于

① 《马克思恩格斯全集》第6卷，人民出版社1961年版，第275页。

维持社会运转最低限度的需要，强制个体成员为社会服务，否则必须对其进行惩罚。

全体社会成员都须承担一定的社会责任，而对新闻媒体和新闻工作者而言，所承担的社会责任要比一般社会成员更大，这是由新闻事业的特殊性质所决定的。如上节所说，新闻媒体是社会的观察者和捍卫者，新闻工作的好坏，有着举足轻重的影响。另外，新闻媒体掌握着重要的传播资源，同时还享有受宪法和法律法规保护的新闻报道权和舆论监督权，这些权利和资源都是人民赋予的。根据权责相当的原则，新闻媒体理应主动承担更多的社会责任，并就其所运用新闻传播权利中存在的问题接受问责。

新闻媒体履行社会责任的职业要求，主要体现在以下两个方面：

（一）要成为负责任的主体

新闻媒体应当是一个超越一己私利或者部分人群利益的主体。新闻工作者要排除个人立场的因素，谨防个人情感的卷入影响到事实报道的客观公正，更要自觉抵制“人情稿”“车马费”和利益回报等不正之风。

新闻媒体虽然具有一定企业属性，需要通过盈利维持运营，但经济目标不应该成为新闻媒体的主要导向。新闻媒体应当重视自身工作的社会效益和精神价值，以广大受众的评价和反馈来衡量自身的工作质量，在经济效益与社会效益发生冲突时，要无条件地以社会效益为重。

随着市场化改革的不断深入，新闻媒体面临着越来越多物质利益的诱惑，其中一个突出表现就是一些视频媒体片面地追求收视率和点击率。为了吸引广告量，节目的收视率和点击率已成为这些媒体的“经济生命线”。在收视率和点击率考核、末位淘汰等各种内部机制的规制下，一些视频节目纷纷借助播发和炒作“星、腥、性”等内容来吸引受众眼球，以提升自己的收视率和点击率，由此带来的是节目的低俗化现象愈发严重。针对这些情况，国家主管部门多次下发通知，要求各地采取措施保证新闻节目及其他教科文类节目的播出时长，以此来激励媒体注重社会效益，摆脱物质利益的束缚。

同时，新闻媒体本身也要防止成为支配其他社会部门和个人的特殊权力，防止新闻敲诈等恶劣行为，以确保真正为大众服务，替人民发声。近代以来，黄远生、邵飘萍、邹韬奋、范长江等优秀新闻工作者不畏强权，勇于抗争，以笔为刀，激浊扬清，树立了新闻人的典范。随着社会主义新闻事业的完善，我国新闻从业者的自由权利和人身权利得到了全面的保障，新闻工作者应当更有勇气秉持正义，为人民群众服务，替人民群众发声。

新闻媒体应当是一个追求真理的主体。新闻媒体以追求事实真相为己任，确保新闻真实是新闻工作的重中之重，也是媒体生命力之所系，倘若报道的事实是虚假的，那么其他一切都无从谈起。在尊重并客观报道事实的基础上，新闻媒体还要层层深入，抽丝剥茧地还原事实，为社会公众释疑解惑，说明真相。

在这方面，著名记者范长江做出了表率。为了打破新闻封锁，呈现西北革命根据地的真实面貌，范长江克服种种困难，深入西北腹地进行采访，向全国民众如实报道了红军两万五千里长征的真相，写出了中国新闻史上的名篇佳作《中国的西北角》。这种勇于探求、执著追求真理的精神，是今天新闻工作者应当继承发扬的。

（二）要具备履行社会责任的能力

除了身份上的调适，承担社会责任还应当具备相应的责任能力。新闻工作者的责任能力是以责任意识为基础的。面对社会的质疑，新闻工作者要及时做出答复并更正错误、主动道歉。同时，面对人民赋予的新闻传播权利，新闻工作者要时刻提醒自己，努力学习，深入实际，不断提高新闻报道能力。

新闻工作者凭借新闻敏感和悟性选择有新闻价值的事件，通过深入的实地采访掌握准确的事实，通过客观、严谨的新闻报道将事实传达给受众，帮助受众及时了解社会动态，这是新闻媒体的首要职责。新闻工作者在进行报道时必须对信息源仔细核查，防止偏听偏信，更要禁止编造事实报道“新闻”。近年来虚假报道频发，给新闻事业的公信力带来严重冲击，对于有意捏造和传播虚假报道的新闻工作者，应当予以严厉处罚甚至清除出新闻队伍。对于由于各种主客观原因而造成的误判误报，应当及时更正并认真汲取教训，防止此类事件再次发生。

除了真实客观地报道新闻事实以外，新闻工作者还应当具备宏观的视野和辩证的思维，要对社会现实有较全面的认知，善于透过现象来观察和揭示事物的本质。唯有以此为基础进行新闻报道，才能防止顾此失彼、以偏概全等错误的发生。同时，新闻媒体可以通过连续报道，为受众呈现出全面、立体的社会情景。这就要求新闻工作者不但要具备采写编评制播的专业技能，还应当具备良好的社会洞察力和理论思辨力。

新闻工作者的大局观，着重体现在对新闻事件的观察、新闻素材的选取和新闻内容的分析与判断上。在我国现代化建设进程中，新闻工作者应当善于以建设者的身份投入社会实践。虽然舆论监督是新闻媒体的天职，但新闻工作者行使舆论监督权利的出发点和落脚点必须是为了维护社会和人民利益，并由此营造良好的社会环境。

第三节　实现新闻自由与社会责任的辩证统一

新闻传播权利与社会责任所涉及的核心问题，是如何实现新闻自由与社会责任的辩证统一。在我国，对新闻自由问题通常存在两种趋向极端的认识：一种是将新闻自由看作一个绝对化概念，反对任何对新闻传播活动的限制；另一种认为新闻自由会对社会稳定造成冲击和损害，主张严格管束新闻传播活动。这两种观点都是对新闻自由的曲解。其实，二者之间是一种辩证统一的关系，新闻媒体在享受新闻自由的同时必须承担相应的社会责任。

一、新闻自由的历史性与实践性

“新闻自由”，从广义讲，指的是公民在言论、出版和新闻传播领域所享有的自由权利，具体包括知情权、参与权、表达权和监督权等。从狭义讲，新闻自由指的是新闻媒体和新闻工作者在上述领域所拥有的自由权利，具体包括采访权、写作权、报道权和批评监督权等。新闻自由属于一种民主权利，它是公民和媒体的相关自由权利得以顺利行使和实现的必要保障，通常国家和政府会通过相关法律法规予以确认和保障。

“新闻自由”，也称“出版自由”，最初是 1644 年由英国资产阶级政论家弥尔顿提出来的。列宁曾高度评价其积极意义，他指出出版自由从中世纪末到 19 世纪在全世界成了“伟大的口号”。因为当时这个口号“反映了资产阶级的进步性，即反映了资产阶级反对僧侣、国王、封建主和地主的斗争”①。

马克思对于新闻自由在实现人类总体自由中发挥的作用有过精辟的论述。他认为，新闻自由是人类自由的基础之一，“没有新闻出版自由，其他一切自由都会成为泡影”②。自由流动的报刊可以帮助人民监督权力者，维护人民的自身利益，使得人民的个性能够充分发展。

然而，我们需要认识到自由是具体的而不是抽象的，是相对的而不是绝对的。首先，自由是一个历史范畴的概念。不同社会的矛盾的特殊性与多样性，决定了自由的表现形式会有差别，抛开历史情境讨论自由是没有意义的。其次，自由不是恒定不变的理念与模式，而是植根于社会实践的土壤之中，在不同的时空条件下，自由的意义也随之变化。第三，自由并非孤立地存在于某个人或某个组织之中，而是建立在一种社会交往关系上。人的本质是一切社会关系的总和，无论是免于被迫做某事的“消极自由”，还是有权利做某事的“积极自由”，都是在多个主体的互动中形成的。

既然自由是存在于实践之中的一种动态的形式，那么自由就要受到社会生产力发展水平的制约。正如马克思所说：“人们每次都不是在他们关于人的理想所决定和所容许的范围之内，而是在现有的生产力所决定和所容许的范围之内取得自由的。”③ 人类自由的发展史，同时也是一部人类通过劳动发展生产力、逐步将自身从自然和社会的限制中解脱出来的历史。新闻传播活动需要依托特定的新闻活动工具和信息传播载体，后者与社会生产力的发展是接近同步的。因此，人类新闻自由的发展，必然受到社会生产力发展水平的决定性影响。作为观念的新闻自由，也深深地植根于特定时代的政治经济结构之中。“在任何一个国家中，都不存在绝对的毫无限制的‘新闻自由’。”④

资本主义经济体制的先天缺陷，导致了资本主义新闻自由的遮蔽和缺失。在资本主义社会内部，生产资料掌握在少数资本家手中，广大群众的劳动成果被剥夺，形成了惊人的贫富差距。这一日益分化的阶级差距，体现在新闻传播领域，就是话语权利分布的不均衡。现代传媒竞争需要很高的技术及资金门槛，一般个人及组织难以企及，时代华纳、维亚康姆、迪士尼、贝塔斯曼等传媒巨头把控着传媒市场的主要份额。垄断媒介

① 《列宁全集》第 32 卷，人民出版社 1958 年版，第 492 页。
② 《马克思恩格斯全集》第 1 卷，人民出版社 1995 年版，第 201 页。
③ 《马克思恩格斯全集》第 3 卷，人民出版社 1960 年版，第 507 页。
④ 江泽民：《关于党的新闻工作的几个问题》，《十三大以来重要文献选编》中，人民出版社 1991 年版，第 773 页。

集团遵从资本逻辑的支配，不可能为社会公众承担起理性交流和自由传播的重任，“一元一票”代替了“一人一票”，导致话语资源分配严重失衡，公众舆论被资本所操纵。

我们指出资本主义新闻自由的一些弊端和缺陷，并非否认新闻自由所具有的价值，而是提醒大家要防止用僵化的思想观念来理解新闻自由。

二、享有自由总要伴随着承担责任

自由是人类长久的梦想，保护并促进人民的言论出版和新闻传播自由是新闻事业的重要使命，然而一旦新闻自由成为脱缰野马，脱离了社会的控制范围，就会造成社会混乱，最终毁灭新闻自由本身。而要根治这一弊病，就须为新闻自由构建一块坚实的基石——社会责任。言论自由的观念，内在包含着道德责任的要求，要求言论主体将自由建立在对公共利益的责任之上。如果没有担负起相应的道德责任，那么言论自由在实践中的正当性便会受到质疑。

长期以来，西方一些国家的新闻媒体总是宣扬其“自由”和“独立”，甚至以“无冕之王”相标榜。然而，他们却未能找到限制新闻自由滥用、践行社会责任的办法。1942 年，美国《时代》杂志总编卢斯感到新闻自由日益恶化，于是斥资成立美国新闻自由委员会，由芝加哥大学校长哈钦斯担任主席。该委员会经过一系列的调查研究，于 1947 年公布了调查报告《一个自由而负责的新闻界》。该报告认为，现实中最严重的问题并不是政府对自由的限制多了，而是新闻自由被过分地使用，传媒行业形成了垄断竞争的局面。该报告呼吁要对传媒市场中无序的自由竞争进行反思，要通过主动担负公共责任来重建新闻界的公信力。

新闻自由诚然需要保护，但保障新闻自由并非传媒行业规范的最终归宿。传媒业接受政府的管理、同行的审议以及公众的监督，其目的在于维系国家和社会的有序运转。评判新闻管理活动和新闻自由边界的出发点，是保障公众的思想和表达自由，是促进话语资源在不同社会部门和行业中的均衡分配，是形成有利于增进社会和谐的公共讨论，是通过信息流通来促进国家的发展和稳定。

为了实现上述目的，保障新闻自由是必需的，但新闻自由是有条件的，一旦丧失了对社会的责任感，又无法通过内部自律及时调节，那么就有必要通过一定手段加以限制，使之纳入法治轨道。

在滥用新闻自由的种种情形中，最普遍的一种是将新闻传播行业等同于一般的经济行业，将实现规模扩张和利润增长当做行业行为的出发点，一味谋求私利，置社会公义于不顾。在自由放任的市场经济中，存在自发性、盲目性等弊端，传媒业也难以避免，这使得一些媒体在资本的逻辑中迷失了方向。

马克思针对当时欧洲一些报刊的唯利是图行为，明确指出新闻自由不应混同于传媒行业自由，“新闻出版的最主要的自由就在于不要成为一种行业。把新闻出版贬低为单纯物质手段的作者应当遭受外部不自由——书报检查——对他这种内部不自由的惩罚”①。马克思此处所说的“行业”，不是我们在社会分工意义上所说的行业，而是以公司集团为单位、以追逐利润为导向的资本产业。新闻媒体为了实现利润最大化，就会通过各种管理手段来促成其新闻报道与逐利动机相一致，这必然会造成新闻生产流程内部的不自由。在此种情况下，适当的“外部不自由”，就成为克服“内部不自由”并进一步通向更普遍的自由的一种必要手段。

三、新闻自由与社会责任要实现辩证统一

享有自由必须承担相应的责任，但自由与责任之间，并非相互排斥的对立关系，而是相辅相成的互动关系。新闻自由所强调的是免于强制和干涉的自由，社会责任所呼吁的是要保证民众参与的自由。自由与责任，犹如一鸟之双翼，二者相互依存，互为保障，缺一则无法飞翔，过分倚重其中的一侧，也将导致飞行轨迹偏离正常的轨道。

新闻自由离不开社会责任。20 世纪以来西方传媒业的发展历史证明，没有社会责任的制衡，新闻自由将会发展成为一种行业垄断的自由，将会把一些人排斥在主流媒体的话语之外。失衡的新闻自由如果愈演愈烈，便会摧毁新闻自由赖以生存的社会根基，最终危及新闻自由本身。而“社会责任”观念的注入，可以使新闻自由重振活力。

同样，媒体履行社会责任，也离不开开放的舆论空间和自由的信息流通渠道。如果

① 《马克思恩格斯全集》第 1 卷，人民出版社 1995 年版，第 193 页。

采访权、知情权等得不到必要保障，那么新闻工作者便无法探究社会真相，其社会监测与舆论监督的责任便无从履行。

20世纪中叶以来，西方新闻界虽然提出了社会责任理论，但由于其资本主义的结构性矛盾无法克服，加上新自由主义在商界、政界始终盘踞主流位置，传媒垄断现象有增无减，因此无法从根本上改善媒体缺失社会责任的状况。这使得新闻自由与社会责任的辩证关系始终无法得到较好处理，公民的新闻自由权利也始终处在资本的掌控之下。

将新闻自由从资本的束缚下解脱出来，使之真正为人民所享有，是马克思主义对新闻自由的要求。这种要求只有在社会主义制度下才有真正实现的可能。列宁曾经设想在社会主义制度下，“不会有直接或间接使报刊屈从于货币权力的客观可能性，不会有任何东西能阻碍每个劳动者(或大大小小的劳动者团体)享有并行使其使用公有印刷所及公有纸张的平等权利”①。然而，由于后来苏联的社会体制迅速过渡到了僵化的斯大林模式，列宁所设想的新闻传播“平等权利”并未能真正实现。

我国社会主义新闻事业自创立以来，积极发展新闻自由，履行社会责任，取得了显著成绩，虽然在特定历史时期内也曾走过一些弯路，但总体看是朝着更加自由、更加负责的方向演进。作为社会主义国家，我国坚持以公有制为基础、多种所有制共同发展的经济制度，新闻事业是属于人民的公有财产，这就在经济基础上避免了西方国家寡头垄断、恶性竞争的限制，从根本上保障了人民的新闻自由权利。

当前，新闻工作者需要摆脱将自由与责任简单对立的认识，要将二者视为辩证统一的整体，既要以开放的心态看待新闻自由，认可其积极意义，又要充分认识到新闻自由的局限，并通过主动努力来克服这些局限。要通过实践摸索和理论探究，在国家管理与行业自律、法律规范与道德评价、事业属性与市场运作、社会效益与经济效益之间找到平衡点，最终达到超越资本主义内在限制的社会主义新闻自由。

总之，我国新闻事业要在社会主义新闻自由的基础之上，履行好社会责任，承担好社会使命，努力为国家、民族和人类事业的发展，为实现“每个人的全面而自由的发展”② 的目标做出自己的贡献。

---

① 《列宁选集》第3卷，人民出版社2012年版，第696页。
② 《马克思恩格斯全集》第23卷，人民出版社1972年版，第649页。

思考题

1. 如何理解新闻传播权利是人民赋予媒体的职业权利?
2. 请你谈谈对媒体社会责任的理解。
3. 如何看待新闻自由与资本、权力的关系?
4. 新闻媒体如何做到新闻自由与社会责任的统一?

第十讲　遵行新闻法治与道德规范

新闻法治与道德规范相辅相成，相互支撑，共同为实现新闻传播的治理目标发挥保障作用。遵行新闻法治与道德规范是对新闻媒体及其从业人员的基本要求，也是新闻业自身生存发展的必然要求。

本讲将重点阐述新闻从业者如何确立马克思主义的新闻法治与道德观，明确应该坚守的新闻法律法规与新闻职业道德标准，自觉规范自己的言行，努力做到他律与自律的统一，实现法治与德治的有效结合。

第一节　坚持新闻法治规范

“法治”的核心是法，无“法”谈不上法治。新闻法治的核心也是“法”，是有关新闻传播方面的法律治理。“新闻法治规范”则是由一系列新闻传播法律法规所组成的治理规范。坚持新闻法治规范，既包括运用法律法规保障公民的新闻传播权利，也包括运用法律法规限禁一切滥用新闻传播权利的行为。

一、马克思主义新闻法治观的由来及发展

从马克思、恩格斯、列宁到中国共产党人都对新闻法治的理论和实践进行了探索，

为社会主义新闻法治的不断完善提供了思想理论基础。

（一）马克思的新闻法治思想

马克思认为，法律是一种“肯定的、明确的、普遍的规范”①。作为规范，法律对每一个社会成员可为与不可为的行为有着肯定和明确的规定，就此而言，法律是肯定的、明确的规范；法律涵盖了人类社会生活的各个方面，就此而言，它又是普遍的规范。

法律无论是规范还是准则，必然会涉及与自由的关系问题。马克思是这样论述两者关系的：“在这些规范（编者注：指“肯定的、明确的、普遍的规范”）中自由获得了一种与个人无关的、理论的、不取决于个别人的任性的存在。法典就是人民自由的圣经。”②

在马克思所处的时代，工人阶级和人民大众是被剥削和被压迫者，他们为争取自己的权利进行了长期斗争。就新闻出版而言，当时的统治者采用各种控制手段，使工人阶级和人民大众的言论表达和新闻出版自由受到严格限制。在这一背景下，马克思的新闻法治思想在很大程度上表现为要为工人阶级和人民大众争取新闻出版和言论表达自由。

马克思在1842年所写的《评普鲁士最近的书报检查令》和《第六届莱茵省议会的辩论》（第一篇论文）两篇文章中，阐述了他的新闻自由与法治思想。

在《第六届莱茵省议会的辩论》（第一篇论文）一文中，马克思对自由报刊的合法性作了充分论述，指出自由报刊是人民观察世界的慧眼，是联结世界的纽带，是人民与普鲁士反动政权斗争的武器，是人们认识自我的镜子，它可以把人们的思想传遍全世界③。当时一般人都认为报刊只是一种信息传播的载体，马克思却将其视为精神斗争的武器，他对自由报刊社会作用的认识显然远高于一般人。

在《评普鲁士最近的书报检查令》一文中，马克思对新闻出版法和书报检查法的区别进行了分析。他认为，在新闻出版法中，自由是惩罚者；在书报检查法中，自由却是被惩罚者；新闻出版法是对自由肯定的法律，书报检查法则是对自由表示怀疑的法律；新闻出版法惩罚的是滥用自由，书报检查法却把自由当成罪犯加以惩罚。马克思指出，“新闻出版法是真正的法律”，而书报检查法只是具有法律的形式。④ 显然，马克思并不是一概反对

---

① 《马克思恩格斯全集》第1卷，人民出版社1995年版，第176页。
② 《马克思恩格斯全集》第1卷，人民出版社1995年版，第176页。
③ 《马克思恩格斯全集》第1卷，人民出版社1995年版，第179页。
④ 《马克思恩格斯全集》第1卷，人民出版社1995年版，第175页。

对新闻出版活动的法律治理，而是主张通过“真正的法律”——新闻出版法来规范。

马克思之所以认为“新闻出版法是真正的法律”，并且指出：“没有关于新闻出版的立法就是从法律自由领域取消出版自由，因为法律上所承认的自由在一个国家中是以法律形式存在的”,① 这说明他肯定和呼唤的是真正的新闻法治，倡导的是新闻法治对于人们精神自由的保障，是对新闻出版活动的一种肯定的、明确的、普遍的规范。马克思青年时代为实现真正的新闻自由与法治大声疾呼，希望通过创办人民报刊，建立人民政权来最终实现这一目标。

（二）列宁的新闻法治思想

列宁一生都在为争取新闻出版自由和法治而斗争，建立人民的新闻法治是他所致力的目标。特别是在他领导无产阶级成功夺取政权，并在世界上首先建立起了人民当家做主的社会主义的国家制度之后，曾对如何实现这一目标作出过具体构想和设计。

按照列宁最初的设想，苏维埃政权原先准备允许那些认可新生政权的各种报刊继续出版，但以孟什维克报刊为代表的一些反革命报刊，却在人民政权诞生的当天就大肆攻击新生政权。为了保护新生的苏维埃政权，坚决制止形形色色的反革命报刊的恶意诽谤、扰乱人心和毒化人们的思想，1917 年 11 月 10 日，列宁签署了《出版法令》。该法令规定将查封以下三类报刊：“1. 煽动公开对抗和不服从工农政府者；2. 通过恶意中伤歪曲事实来制造混乱者；3. 挑动从事犯罪(即刑事罪的)活动者”。②

该法令在分析当时的形势时指出：“大家都知道，资产阶级报刊是资产阶级最强大的武器之一。特别是在新的工农政权刚刚确立的关键时刻，不能让这种武器完全留在敌人的手中，因为正是在这种时刻，这种武器的危险性并不亚于炸弹与机枪。”正因为此，政府决定采取“临时性的紧急措施”“以制止这种污泥浊水和肆意诽谤，防止黄色和绿色报刊任意玷污人民的初步成果。”③ 在说明了政府为什么要采取“临时性的紧急措施”之后，出版法令紧接着提出：“在新的秩序确立之后，政府对报刊的各种干预将被取消。到那时，报刊将按照这方面所规定的最广泛、最进步的法律，在对法院负责的范围内享有

① 《马克思恩格斯全集》第 1 卷，人民出版社 1995 年版，第 176 页。
② 《列宁论报刊与新闻写作》，新华出版社 1983 年版，第 620 页。
③ 《列宁论报刊与新闻写作》，新华出版社 1983 年版，第 619 页。

充分自由。”①

这段历史告诉我们，人民政府保障人民的言论和出版自由的权利的前提条件是这种言论和出版自由不得损害国家安全、社会秩序、公共利益和人民意愿。

从历史事实看，为了维护新生的人民政权，同时也为了保障人民的言论和出版自由，当时苏维埃政府一方面查封反革命报刊，一方面则没收资产阶级的纸库和印刷厂，然后无偿地提供给新创办的党和苏维埃报刊，以及人民团体报刊使用，为实现社会主义的新闻法治和新闻自由奠定了政治与经济基础。

列宁在《出版法令》中所体现出的新闻法治思想，构成了马克思主义新闻法治观的基本内容，即社会主义国家要通过最广泛的、最进步的法律来保护正当的新闻出版活动，维护新闻媒体和人民群众的新闻出版自由权利。从另一个角度讲，新闻媒体及新闻工作者也要自觉依据国家制定的最广泛、最进步的新闻法律来规范自己的传播行为，防止一切滥用新闻自由的行为发生。

列宁的新闻法治思想为我们全面认识社会主义新闻法治的内涵提供了基本的理论依据。

（三）中国共产党人的新闻法治实践与理论探索

中国共产党人的新闻法治实践有其独特的历史发展过程。在新中国成立之前，由于处于战争环境，当时党领导下的新闻媒体主要是通过党的政策、组织原则和纪律来实施管理，故而新闻法治问题没有进入党的议程之中。

新中国的成立为社会主义的新闻法治实践提供了现实可能性。人民政府将没收的国民党政权新闻机构及其资产交付党报党刊、新闻通讯社和人民团体的新闻机构，从而保障了国家和人民对新闻媒体的所有权，从根本上消除了私人资本对新闻媒体的占有问题。

社会主义新闻法治的核心是要解决对人民言论出版自由权利的法律保障问题。新中国成立后，社会主义国家的根本性质决定了它的一切法律都应当是保护人民利益、维护人民自由权利的。1949 年 9 月，第一届中国人民政治协商会议通过的《共同纲领》和 1954 年第一届全国人民代表大会制定的第一部宪法，都把保障人民言论出版自由列入其中，

① 《列宁论报刊与新闻写作》，新华出版社 1983 年版，第 619 页。

从法律上确保了广大人民群众拥有新闻出版自由。

运用各种法律法规规范新闻出版活动也是人民政权一项重要任务。新中国成立之初，中央政府根据国家基本法律的精神，陆续制定了有关新闻出版方面的一系列法规，如《全国报纸杂志登记暂行办法草案》《期刊登记暂行办法》《管理书刊出版业印刷业发行业暂行条例》等，对报刊等出版物的出版、发行等作出了相应规定。其根本目的在于保障人民出版物的顺利出版，而对那些敌视人民政权的出版物则作出限禁。

与此同时，这一时期中共中央就新闻出版工作也制定了一些相关文件，如《中共中央关于在报纸刊物上展开批评和自我批评的决定》《中共中央关于改进报纸工作的决议》等。这些文件政策性很强，在一定意义上也起到了规范新闻工作的作用。

从20世纪50年代中后期开始，由于当时所面临的国内外形势和国家政治生活的实际状况，我国的法制建设虽然受到冲击和影响，但也做了一些工作，取得了一些进展。这期间主要靠党和政府的一些新闻政策和宣传纪律来规范新闻出版活动。

在经历了十年“文化大革命”之后，1978年党的十一届三中全会开始拨乱反正，实行改革开放，社会主义民主与法制建设也得以逐步展开和不断深入，在这一过程中，新闻法治建设也在逐步推进。从20世纪80年代开始，随着法制建设的不断推进，政府相关部门也加快了有关新闻出版法规的制定。特别是在20世纪末到21世纪初的这二十几年里，陆续有一批新闻出版方面的行政法规出台，如《报纸管理暂行规定》《报纸质量管理标准》《印刷业管理条例》《出版管理条例》《音像制品管理条例》《计算机软件保护条例》《中华人民共和国著作权法实施条例》《新闻出版保密规定》《互联网出版管理暂行规定》，以及《中华人民共和国政府信息公开条例》等。这些法律法规的制定对于规范新闻传播、加强新闻法治管理起到了积极作用。如今我国的新闻法治建设已经取得一定进展，除宪法外，我国的基本法律、专门法律、行政法规、地方法规和部门规章等几个层次的法律法规中都有许多涉及新闻传播方面的内容，可以作为新闻法治的依据。

近年来，随着我国改革的不断深入和法治化进程的不断推进，党和国家在通过法律法规保障人民群众民主权利，加强依法治国、以法治业等方面取得了很大进展。

2002年江泽民首次提出要建设“社会主义政治文明”①，并将它与建设社会主义物质

① 《与时俱进　努力开创建设有中国特色社会主义事业新局面》，人民出版社2002年版，第15页。

文明和社会主义精神文明相并列。社会主义政治文明中就包含了政治法治化。实现政治的法治化，就是要严格依据法治精神和法治原则构筑建立在尊重人的人格、尊严、自由、进取精神和合理要求上的法律体系，不断强化政治主体的法律意识，形成良好的法治社会环境。建设“社会主义政治文明”的提出，是中国共产党法治思想的重大发展，同时也为新闻法治建设奠定了坚实基础。

2007 年胡锦涛在中国共产党第十七次全国代表大会上的报告中明确提出，要“保障人民的知情权、参与权、表达权、监督权”，这是党和国家对人民群众基本民主权利的完整表述，为保护人民的民主权利提供了保障。

2012 年 12 月，习近平在纪念现行宪法公布施行 30 周年大会上提出实现依法治国的目标，指出依法治国首先是依宪治国，重申宪法高于一切。2014 年 10 月习近平在党的十八届四中全会上又提出，全面推进依法治国，总目标是建设中国特色社会主义法治体系，建设社会主义法治国家。①

由此可见，新闻法治作为我国依法治国框架体系中的有机组成部分得到高度重视，而把新闻媒体治理纳入法治化轨道也成为依法治国进程中的一项重要工作。

二、新闻法治规范的内涵及要求

马克思主义新闻法治思想的内涵及实质，应当是对人的精神自由权利的捍卫和保障。从新闻法治要保护的对象和要达到的目标看，我国要建设的新闻法治体系应对下面一些涉及新闻传播活动的法律问题作出科学的界定和规范的解答：公民新闻传播自由权利、义务的法律界定及保护；新闻媒体和新闻工作者新闻传播自由权利的保护，以及承担义务、责任情况的监管；新闻出版机构设立与管理的法律依据及规范；新闻媒体禁载作品范围及禁载出版物的认定标准；新闻媒体运作及经营活动的法制监管；新闻侵权行为的法律责任界定及处罚的法律依据；新闻职业道德与新闻法治的相互联系与区别等。

现阶段，我国的新闻法治建设主要包括以下两方面内容：一是加强对新闻传播自由权利的保护，二是对滥用新闻传播自由权利的行为进行限制。

---

① 《中国共产党第十八届中央委员会第四次全体会议文件汇编》，人民出版社 2014 年版，第 70 页。

（一）加强对新闻传播自由权利的保护

一个国家的新闻法治首先体现在对公民的新闻传播自由权利的有效保护。公民的新闻传播自由权利主要包括：信息知晓权、媒介选择权、意见表达权、批评监督权等。媒体和新闻从业人员的新闻传播权利主要包括：采访权、报道权、传播权、批评监督权等。

综合上述各种权利，公民和媒体的新闻自由权利主要集中体现为四种，即知情权、参与权、表达权和监督权。

1. 知情权

“知情权”，亦称“知晓权”，是指人民群众依法拥有获知与其利益相关的各种政务信息及社会公共信息的权利。一般情况下，知情权主要包括：（1）政治知情权，即知政权，是指公民依法享有知悉国家事务、国家政策、法律法规、政府行为以及国家机关工作人员活动情况的权利，国家机关及其工作人员则有依法向人民群众公开相关信息的义务。（2）社会知情权，是指公民有权知道社会所发生的、与自己利益有密切关联的事件，有权了解社会的发展和变化情况。（3）个人信息知情权，是指公民享有向有关机构了解关于自己各方面情况信息的权利。（4）法人知情权，是指法人有权获得一切对其有用的信息。

知情权是公民最基本的民主权利，实现信息公开和信息的自由流动，保护人民群众的知情权是新闻法治的重要内容。另外，从知情权的定义及其涵盖的范围可以看出，公民知情权的实现与媒体信息传播密切相关。因为在许多情况下，人民群众靠自身条件很难全面实现知情权，而是要借助媒体的帮助来实现。从这一意义上说，媒体是人民群众行使知情权的重要手段。

我国党和政府一直在推进信息公开。1987 年党的十三大政治报告中提出，要“提高领导机关活动的开放程度，重大情况让人民知道，重大问题经人民讨论”。同时还强调“要通过各种现代化的新闻和宣传工具，增加对政务和党务活动的报道，发挥舆论监督的作用，支持群众批评工作中的缺点错误，反对官僚主义，同各种不正之风作斗争。”2008 年 5 月 1 日正式实施的《中华人民共和国政府信息公开条例》对我国政府实行政务信息公开作出了法律规定，对维护人民群众知情权、保护媒体的传播权都具有重要意义。2016 年 2 月，中共中央办公厅和国务院办公厅又联合印发了《关于全面推进政务公开工作的意见》，提出要全面推进政务公开，让权力在阳光下运行，以发展社会主义民主政治，提升国家治理能力，增强政府公信力执行力，保障人民群众知情权、参与权、表达权、监督权。

2. 参与权

“参与权”，是指人民群众依法拥有通过各种途径和形式，参与管理国家事务、管理经济和文化事业、管理社会事务的权利。这里的“各种途径和形式”，包括“选举、投票、协商、座谈会、论证会、听证会、批评、建议、通过平面媒体和网络讨论国家政务等”。民众对国家政务（如立法、决策、执法等）和社会事务的参与，有利于防止社会公共政策和公权力行为出现偏差和失误，平衡和协调社会不同阶层、不同群体的利益冲突。

人民群众“参与权”的获得同样需要借助媒体作为中介。以往人民群众对社会事务的参与在一定程度上依赖于大众传媒；进入网络时代后，民众的发声渠道变得多样化和直接化。在新媒体环境下，通过各种社交媒体参与社会公共事务，表达个人看法和意见已经成为一种普遍的社会现象。“网络问政”的出现为人民群众拥有参政权提供了便捷条件；另一方面，国家则可以通过多种媒体及时了解人民群众的意见和建议，并将其纳入决策和政策轨道。

3. 表达权

“表达权”，指人民群众依法拥有通过各种途径和形式对国家政治、经济、文化和社会事务表达意见和建议的权利。表达自由是一种公开发表意见的自由，它意味着人民群众可以通过口头、书写或印刷以及其他手段自由地发表意见、表达观点。

恩格斯说：“每个人都可以不受阻挠地和不经国家事先许可而发表自己的意见，这就是新闻出版自由。”① 我国宪法第 35 条规定：“中华人民共和国公民有言论、出版、集会、结社、游行、示威的自由。”这其中就包括了关于表达自由的规定。

人民群众的表达自由可以通过各种媒介来实现。媒介既是个人表达思想观点的途径，也是民主政治实现的重要手段。因此，无论是对于媒体、个人还是社会，表达自由都是至关重要的权利。保障民众的表达权，也是新闻法治的重要内容。

4. 监督权

“监督权”，是指人民群众享有监督国家机关及其工作人员公务活动，以及各种社会

---

① 《马克思恩格斯全集》第 3 卷，人民出版社 2002 年版，第 575 页。

组织及个人的违法违纪行为的权利。它是民众参与国家和社会治理活动的一项重要权利。监督权包括民众直接行使的监督权和通过媒体行使的舆论监督权。

“舆论监督权”，是新闻媒体借助舆论手段行使的一种监督权利。马克思说过：“报刊按其使命来说，是社会的捍卫者，是针对当权者的孜孜不倦的揭露者，是无处不在的耳目。”① 马克思强调的“捍卫者”“揭露者”“耳目”，就包含了媒体的监督功能。

舆论监督是现代社会反腐败斗争的一项重要手段。通过舆论监督使腐败行为暴露在光天化日之下，可以约束政府部门和官员的权力，从而达到有效遏制腐败行为，实现社会公平正义的目的。近些年来，随着国家惩治腐败力度的加大，特别是新媒体的运用，网络舆论监督已成为一种新的舆论监督形式，并且收到了良好的监督效果。

我国的法律法规有许多保障公民上述自由权利的相关内容。这些法律法规对媒体和记者进行正常采访报道、新闻传播和舆论监督起到一定保护作用。当然，国家必须进一步完善相关法律法规，有效防范那些干预、阻挠和破坏媒体及新闻工作者新闻传播权利的行为和现象。

（二）限制滥用新闻传播自由权利的行为

马克思说：“没有无义务的权利，也没有无权利的义务。”② 新闻媒体和新闻工作者在享受法律所确认和保障的新闻传播自由权利的同时，还应承担起对国家、社会、集体和公民负责的义务，这是新闻传播自由权利的一体两面，绝不能因享有自由而拒绝履行相应的义务，更不允许滥用国家、社会和人民所赋予的新闻传播自由权利。

“滥用新闻传播自由权利”，是指媒体和新闻工作者不恰当地运用新闻传播自由权利，进行有损于国家、社会、集体利益和公民、法人的名誉、荣誉等合法权益的活动。

从我国现有的一些新闻传播法律法规看，对滥用新闻传播自由权利的界定主要集中在以下几方面：

一是危害国家利益和安全——包括泄露国家政治、外交、军事及经济、科技、文化等机密；危害国家统一、主权和领土完整；损害国家荣誉和利益等。

---

① 《马克思恩格斯全集》第 6 卷，人民出版社 1961 年版，第 275 页。
② 《马克思恩格斯全集》第 16 卷，人民出版社 1964 年版，第 16 页。

二是破坏民族团结和社会稳定——包括煽动民族仇恨、民族歧视；侵害民族风俗、民族习惯；宣传邪教；传播虚假信息，引发群众思想混乱，扰乱正常社会秩序；妨碍和影响司法审判等。

三是危害社会公共道德、有伤社会风化和损害群众身心健康——包括宣扬淫秽、赌博、暴力、迷信，教唆犯罪等。

四是侵犯公民和法人合法权益——包括侵犯公民名誉权、荣誉权、隐私权、肖像权、姓名权，侵犯法人的名誉权、荣誉权、名称权等。

行使新闻传播自由权的基本前提是要维护国家、社会、集体的利益和公民个人的合法权益。在法定的范围内对新闻传播自由权利的限制，其目的是更好地运用和行使新闻传播自由权利。

第二节　遵守新闻职业道德规范

“新闻职业道德”，指的是调整新闻职业活动中各种社会关系的一系列道德规范和准则，是社会道德对新闻职业所提出的特殊要求。

“新闻职业道德规范”，是指新闻工作者凭借职业道德意识及观念对自己的职业行为所进行的自我制约与规范。它通常通过自律形式来约束新闻工作者的职业行为，处理新闻传播中所涉及的各种社会关系。恪守新闻职业道德规范是对新闻媒体和新闻工作者的基本要求。

一、马克思主义的新闻伦理思想

马克思主义经典作家在长期理论探索和新闻实践中有不少关于新闻伦理问题的思考，在其著述中包含了丰富的新闻伦理内容。

（一）新闻工作者要有人格操守

新闻工作者应具有高尚的道德操守，这是基本的职业要求。马克思曾经严厉批判资产阶级报刊所表现出的道德低劣行为，把那些在恶势力和金钱面前摇摆不定，以致无原则地妥协的报刊工作者斥为“最无气节、最软弱、最糊涂的作家”,① 是“可怜的两栖动物和两重人格的人”。②

马克思鄙视那些在政治上见风使舵，在宣传上左右逢源的报刊，说它们“既没有自己的理智，又没有自己的见解，也没有自己的良心”③。关于新闻职业“义”与“利”的关系，马克思说：“作者当然必须挣钱才能生活，写作，但是他决不应该为了挣钱而生活，写作。”④ 如果新闻工作者把自己的职业当作赚钱的手段，那他就是从内部剥夺自己的自由。马克思说：“新闻出版的最主要的自由就在于不要成为一种行业。”⑤ 他反问道：“难道被贬低到行业水平的新闻出版能忠于自己的特征，按照自己的高贵天性去活动吗?”⑥ 马克思认为，作家绝不把自己的作品看做手段，他指出：“无论对作者本人还是对其他人来说，作品都绝不是手段，所以，在必要时作者可以为了作品的生存而牺牲他自己的生存。”⑦ 在马克思看来，新闻工作者不能为了手段而忘记目的，必要时为维护新闻的纯正性要不惜牺牲自己的生存。

（二）新闻工作者要肩负社会责任

马克思对新闻工作者的人格操守有自己独特的理解。他认为，新闻工作不同于社会上的一般行业，它有着自身的“高贵天性”，这就是它的社会责任。一旦丢失了这种“高贵天性”，新闻业也就失去了自己的魅力。

对于那些专门刊载激发人的劣根性的报纸，马克思一向嗤之以鼻，把它们称为“下流报纸”。他在批评《每日电讯》的文章中愤慨地写道：“这座世界首都也通过一系列鹅毛笔管把它所有的社会脏物都排到一个纸制的藏污纳垢大中心——《每日电讯》里。”他嘲笑该报使用“肮脏得使人作呕的细节”来报道案情，结果使得法官都“不得不把法庭上的妇女儿童打发走。”⑧

① 《马克思恩格斯全集》第 2 卷，人民出版社 2005 年版，第 461 页。
② 《马克思恩格斯全集》第 2 卷，人民出版社 2005 年版，第 460 页。
③ 《马克思恩格斯全集》第 1 卷，人民出版社 1995 年版，第 296 页。
④ 《马克思恩格斯全集》第 1 卷，人民出版社 1995 年版，第 192 页。
⑤ 《马克思恩格斯全集》第 1 卷，人民出版社 1995 年版，第 193 页。
⑥ 《马克思恩格斯全集》第 1 卷，人民出版社 1995 年版，第 192 页。
⑦ 《马克思恩格斯全集》第 1 卷，人民出版社 1995 年版，第 192 页。
⑧ 《马克思恩格斯全集》第 19 卷，人民出版社 2006 年版，第 329—330 页。

中国共产党领导人从我国社会主义新闻事业的性质及其所担负的社会使命出发，对新闻工作者的职业道德提出了许多明确要求。例如毛泽东提出了“深入实际，不尚空谈”的要求；刘少奇提出要“加强马克思主义修养”；邓小平提出要成为“人类灵魂的工程师”；江泽民提出要打好“五个根底”，树立“六大作风”；胡锦涛提出要坚持“贴近实际、贴近生活、贴近群众”；习近平则用“高举旗帜、引领导向，围绕中心、服务大局，团结人民、鼓舞士气，成风化人、凝心聚力，澄清谬误、明辨是非，联接中外、沟通世界”48 个字概括了新闻工作者应当履行的六项“职责和使命”，等等。这些都涉及新闻职业道德问题，都为新闻工作者如何遵守新闻职业道德规范，履行好自己的职业责任和社会使命提供了思想指南和实践依据。

二、社会主义新闻职业道德规范的内涵及要求

社会主义新闻职业道德规范有其丰富内涵。践行这些道德规范，需要新闻工作者从思想上提高认识，行动上自觉实践，始终坚守理想，明确责任，恪守职责，加强自律，做一个有职业理想、道德修养和思想情操的人。

（一）树立新闻职业理想

新闻职业理想，是新闻工作者对新闻职业的认识、向往和追求。李大钊当年提出的“铁肩担道义，妙手著文章”，成为许多新闻工作者的职业理想与职业追求。新闻工作者唯有自愿将新闻工作作为愿意终身为之奋斗的事业，并且自觉地遵守新闻职业道德规范，才称得上是一个真正具有高尚职业道德的新闻人。

一个人的职业理想同其信守的理想信念有着密切关联，要具备职业理想，首先要有正确的理想信念，即对马克思主义的信仰和对共产主义的信念，这是社会主义新闻工作的灵魂。理想信念就是共产党人精神上的“钙”，没有理想信念，理想信念不坚定，精神上就会“缺钙”，就会得“软骨病”，这就可能导致政治上变质、经济上贪婪、道德上堕落、生活上腐化。

（二）明确新闻职业责任

北宋哲学家张载有言："为天地立心，为生民立命，为往圣继绝学，为万世开太平"。这段话表达了中国古代知识分子对社会责任的认识。美国报人普利策把记者比作站在国家这艘巨轮船头的"瞭望者"，其责任是眼观六路，耳听八方，把海平面上发生的各种情况及时、准确地报告给船长、船员和乘客，以使国家这艘巨轮能够适时地绕过暗礁，越过激流，渡过险滩，驶达胜利的彼岸。这些都说明媒体的巨大功能和作用，同时也说明了新闻工作者责任的重大。

每个新闻工作者都须时刻牢记自己的职业责任，始终坚持以人民为中心的工作导向，认真解决好"为了谁、依靠谁、我是谁"这个根本问题，自觉承担起对人民，对党和国家，对社会的责任与义务。要努力做好党的政策主张的传播者、时代风云的记录者、社会进步的推动者、公平正义的守望者。要不断提高自己的业务能力，勤学习、多锻炼，用优秀的新闻作品服务人民、造福社会，使我们的社会能够始终充满爱心正气，洋溢着积极向上的力量。

（三）理顺新闻职业关系

处理好新闻职业活动中的各种关系是新闻职业道德规范中的一个重要课题。"新闻职业关系"，指的是新闻职业活动中所涉及的新闻工作者与社会及他人之间的各种联系。具体包括新闻媒体与受众的关系，新闻记者与采访对象，以及新闻工作者与同事、同行和境外媒体同行的关系等。

新闻工作者必须清醒地认识到新闻事业是党、政府和人民的耳目喉舌，是服务于国家、社会和公众的社会公共事业，自己手中所拥有的新闻传播权利是一种公权利，要妥善处理好自己同国家、社会、公众，以及新闻传播中所涉及的其他组织及个人的关系，做好服务，尽到责任，完成自己的职业使命，不能将公权私用，更不能做损害国家、社会和公众利益的事情。

（四）维护新闻职业荣誉

"新闻职业荣誉"，是指新闻职业所享有的光荣的名誉。它是对新闻职业的社会地位与信誉的一种肯定和赞誉性评价。维护职业荣誉是新闻职业道德的一种反映和表现。

新闻工作者要维护新闻职业荣誉，就要有作为新闻职业人的操守。范长江曾谈到，记者时时会遇到名誉地位、金钱美女的诱惑，要做到“富贵不能淫、贫贱不能移、威武不能屈”，需要记者有很好的道德操守。

在复杂多变的社会环境中，新闻工作者要严格要求自己，加强道德修养，保持一身正气，要抵挡得住权力与金钱的诱惑，要能够严格自律，守住底线，管住自己，始终坚持职业理想，恪守职业道德，去书写有思想、有温度、有品质的新闻作品。

（五）遵守新闻职业道德准则

从行业角度看，我国新闻工作者应当自觉遵守中华全国新闻工作者协会制定的《中国新闻工作者职业道德准则》。新闻工作者的基本职业道德准则包括：忠于职守，勤奋敬业；正确导向，注重效果；报道真实，客观公正；清正廉洁，遵纪守法；尊重群众，尊重同行；团结协作，公平竞争。

拓展资料

《中国新闻工作者职业道德准则》

我国社会主义新闻事业是党领导下的社会主义事业的重要组成部分。它担负着传播信息、报道新闻、引导舆论、服务社会的重要任务，是党和政府宣传政策、指导工作、引导舆论、服务社会的有力工具，也是人民群众获知信息、交流思想、发表意见、监督政府的有效手段。新闻工作的好坏，直接影响到事业的发展，乃至国家的兴衰。新闻工作者职业光荣，责任重大，必须严格遵守新闻职业道德准则。

（六）防止职业道德失范

社会主义新闻职业道德规范对新闻工作者有着严格的职业道德要求。但在现实生活和新闻实际工作中，一些新闻工作者受各种因素的影响，做出了许多违反新闻职业道德的事情，出现了许多道德失范的现象。这些年来屡禁不止、时有发生的虚假报道、“有偿新闻”、低俗之风、不良广告，以及新闻寻租、新闻敲诈现象就是典型表现。

这些现象严重败坏了新闻媒体的职业声誉和新闻工作者的社会形象，也影响了社会与公众对新闻事业的正确认知和积极评价，以至于成为一种“社会公害”。对于这种状况，一方面全社会要致力于社会环境和媒体环境的优化，另一方面新闻工作者自身要加强职业道德修养，自觉遵守新闻职业道德规范，努力做到光明磊落、堂堂正正，有理想、有道德、有操守。

第三节　实现新闻法治与道德规范的有机统一

法律和道德都是规范人们行为和调整社会关系的准则。法律与道德两者既有区别，又有联系。对被规范对象来说，法律以限制约束为主，是一种他律；而道德以教育感化为主，是一种自律。

新闻法治规范是新闻工作者的外在规范，是社会对新闻工作者的外部要求；新闻职业道德规范是新闻工作者的内在规范，是新闻工作者的自我要求。实现两者的有机统一是一种理想的新闻传播治理状态。

一、正确认识新闻法治与道德规范的辩证关系

新闻法治与道德规范都是用来约束和规范新闻媒体和新闻工作者行为的，但它们是两个内涵不同的概念。新闻法治规范是由国家制定，并由国家机器保证实施的行为规范。新闻职业道德规范是在新闻工作实践中形成的一种关于新闻职业善恶、美丑、荣辱、是非的标准，它主要靠社会舆论和新闻工作者的个人自律来实现。

新闻法治与道德规范虽然各自独立、各有区别，但又相辅相成、相互促进，规范新闻传播活动要做到新闻法治和道德规范并重。实践证明，自律与他律结合才能达到最佳效果，德治与法治并用才能相得益彰。

中国共产党一贯强调，既要坚持依法治国，还要注重以德治国。习近平指出，要坚持依法治国和以德治国相结合，把法治建设和道德建设紧密结合起来，把他律和自律紧密结合起来，做到法治和德治相辅相成、相互促进。①

正是从这个意义上，国家一方面要抓好新闻法治建设，坚持科学立法、严格执法、公正司法、文明守法，为全面推进新闻法治而努力。另一方面，又要抓好新闻职业道德

① 《习近平总书记系列讲话精神学习读本》，中共中央党校出版社2013年版，第49页。

建设，教育引导广大新闻工作者模范践行社会主义核心价值观，树立良好的道德风尚，争做社会道德的示范者、诚信风尚的引领者、公平正义的守望者，始终保持新闻工作者的高尚品格和廉洁操守。只有德治与法治并用，才能更好地提升新闻传播的质量和水平，为社会做出更大的贡献。

二、妥善处理新闻法治与道德规范的关系

法国思想家卢梭曾说过，一切法律中最重要的法律，既不是刻在大理石上，也不是刻在铜表上，而是铭刻在公民的内心。在现实生活中，道德与法律都是调整人们行为的社会规范，两者只有相互配合、相互促进，做到和谐统一，才可能真正促进事业的良性发展。就新闻传播来说，需要妥善处理好新闻法治与职业道德规范的关系，才能更好地实现对新闻传播行为的科学治理，促进新闻事业的良性发展。

实践证明，新闻传播行为单靠新闻工作者个人的道德规范是不够的，特别是对那些缺乏自觉意识的新闻工作者来说更是这样。因此，运用新闻法治规范对那些违法违规的新闻传播行为进行制约，是确保新闻工作规范化的重要途径。

当前我国多数新闻工作者能够遵循新闻法治规范，但也有少数人在种种诱惑和压力之下，做了一些违法违规的事，给新闻媒体的声誉和新闻工作者的形象带来损害。因此，每个新闻工作者都必须坚守法治底线，新闻机构也应该加强管理，用严格的法纪约束工作人员，以防止违反法律法规的行为发生。

“国无德不兴，人无德不立。”治理国家和社会仅仅依靠法律也是不够的，还需要有道德的支撑和引领。在新闻传播领域也是如此，要实现对新闻传播行为的规范治理，除了要加强新闻法治他律外，还需要加强新闻职业道德自律，要在全体新闻从业人员中加强马克思主义新闻观教育和职业精神职业道德教育，积极培育和践行社会主义核心价值观，努力形成一种“讲道德、尊道德、守道德”的精神风尚。

在新闻工作者的诸多职业规范中，道德规范是最基本的职业规范。坚持以道德自律为前提是实现道德规范与法治规范相统一的基本要求。很难相信一个没有道德自律精神的人，会自觉遵守法治规范，因此，严格遵守新闻职业道德规范是成为一个合格新闻工作者的重要条件。

近年来，随着我国社会转型，一些新闻工作者面对经济压力和利益诱惑，失去了应有的道德自律。有的为了追求收视率、发行量和点击量一味地搞“星、腥、性”，进行新闻炒作，有的为了抢到独家新闻不惜伤害无辜的采访对象，有时甚至对受害者造成“二次伤害”，完全丧失了新闻伦理，越过了道德底线。

马克思有句名言：“道德的基础是人类精神的自律。”① 我们强调道德自律，就是要明确“责任驱动而非功利至上”，每个新闻工作者都要对自己的职业行为有一种自觉、自律和自省意识，要增强社会责任感，自觉践行社会主义核心价值观，严格约束和规范自己的职业行为，唯此，才能真正获得受众的尊重和信任。

思考题

1. 如何全面理解列宁的新闻法治思想?
2. 如何深刻认识马克思的新闻伦理思想?
3. 社会主义新闻法治所规定的新闻工作者的权利和义务有哪些?
4. 社会主义新闻职业道德包括哪些内涵及要求?
5. 怎样辩证地看待新闻法治与新闻伦理之间的关系?

① 《马克思恩格斯全集》第1卷，人民出版社1995年版，第119页。

第十一讲　与传播新技术同行　实现媒体融合发展

如今，人类社会已进入媒介化社会，媒体与传播已是无处不在、无时不有、无远弗届。人们借助手机等移动媒体便可以随时随地享受网络带来的信息传收便利，传播新技术在社会生活中的作用越来越大。

1988 年，邓小平便提出了“科学技术是第一生产力”的著名论断，阐释了科学技术与生产力关系的深刻内涵。如今，科学技术是社会变革与发展的推动力已成了全社会的共识。

正是基于这样一种共识，我们提出要“与传播新技术同行”，将它看作是推动媒体变革发展的先决条件。在世界媒体发展史上，新的传播技术不断改变着媒体格局和传媒生态。从报刊的出现，到广播、电视，再到互联网等，媒体在传播技术不断更新和演进的过程中得以不断发展，如今已成为人类生活须臾不可缺离的一种重要物质手段。

如今，以互联网技术为基础的传播新技术，正推动着新一轮的媒体变革，而以报刊、广播、电视为代表的传统媒体正面临挑战和融合发展。媒体发展必须与传播新技术同行，才能跟上技术变革的步伐，不断创新，建立起现代传播体系，提高竞争力，进而增强传播力、引导力、影响力和公信力。与传播新技术同行，推进媒体融合发展是未来传媒业改革发展的必然趋势。

第一节　传播新技术推动新闻事业发展

如何紧跟世界技术革命的潮流，推动我国科学技术发展，以更好地造福于社会与公众，这是党和政府时时关心的大事。1989 年邓小平曾谈道："我们最大的经验就是不要脱离世界，否则就会信息不灵，睡大觉，而世界技术革命却在蓬勃发展。"① 这说明，传播新技术在蓬勃发展，我们不能"犯迷糊""睡大觉"，而应该保持清醒的头脑和奋进的姿态，借助传播新技术，大力推动我国新闻事业的发展，抢占世界媒体竞争与发展的战略高地。

一、传播新技术促进媒体形态更新

在世界传媒业发展史上，传播新技术始终是媒体变革与发展的推动力。正是造纸术、印刷术、无线电、互联网等一系列传播新技术的相继出现，促进了媒体形态的不断更新和传播手段及方式的不断变革，媒体格局也在其作用下与时俱进，发生着一次次变化。

（一）造纸术和印刷术是传播技术发展的第一个里程碑

造纸术和印刷术的出现是人类传播史上第一个重要的里程碑。正是凭借造纸术和印刷术，人类第一次将以往的口头、符号等初级传播方式，推进到了文字和印刷传播的新阶段，从而使信息传播发生了质的飞跃。马克思把印刷术与火药、指南针称为"预告资产阶级社会到来的三大发明"，是"科学复兴的手段"，是"对精神发展创造必要前提的最强大的杠杆"。② 恩格斯曾赞美近代印刷术使思想冲破了"在它的襁褓时代就长久地限制着它的藩篱，终于展翅飞向遥远的世界"③。

（二）报刊是近代工业文明和传播技术的产物

近代报刊的出现得益于近代工业文明的产生，得益于印刷机、火车、轮船、电报等交通与传播技术的改进与发明。1855 年，电报刚刚在英国应用，马克思就评论道："电报已经把整个欧洲变成了一个证券交易所；铁路和轮船已经把交通和交换扩大了百倍。"④ 马克思认为，这些技术的出现缩短了人们之间的距离和交往所需的时间，促进了报刊、通讯社、电报局的发展。他赞叹说："顷刻之间就可以把自己的发明传遍全世界的报刊和

① 《邓小平文选》第 3 卷，人民出版社 1993 年版，第 290 页。
② 《马克思恩格斯文集》第 8 卷，人民出版社 2009 年版，第 338 页。
③ 《马克思恩格斯全集》第 41 卷，人民出版社 1982 年版，第 41 页。
④ 《马克思恩格斯全集》第 14 卷，人民出版社 2013 年版，第 43 页。

电讯，在一天当中所制造的神话……比以前一个世纪之内所能制造的还要多。”①

（三）广播电视的出现得益于无线电技术的发明和运用

随着无线电技术的发明及运用，广播电视相继出现，媒介形态开始丰富起来，媒体格局也开始呈现多元化。广播电视媒体之所以能够在报刊发达的时代快速获得市场，在于其传播迅速、功能多样、感染力强，特别是它对传播时空界限的突破。马克思曾提出过“用时间消灭空间”的概念。他认为，资本的发展带来了资本借以流通的市场的扩大，而构成资本空间流通道路的市场越大，资本也就越是“力求在空间上更加扩大市场，力求用时间去更多地消灭空间”。②马克思说的虽然是物质交换与资本市场，但却反映出他对技术与时间、空间关系的预见性。

（四）互联网是传播技术的集大成者

互联网之所以能够迅速发展并广受欢迎，在于其独具的特点及优势。互联网的信息交换不受空间限制，更新速度快、人与信息之间可以互动交流、使用成本低，而且其发展呈现出个性化趋势。不仅如此，在互联网上，有价值的信息被大规模整合，信息储存量大，信息能以视频、音频、动漫、图片、文字等多种形式存在。正是基于这些特点和优势，互联网几乎囊括了传统报刊、广播、电视的所有功能。

互联网被称为20世纪人类最重要的技术发明之一。它的出现不仅改变了传统的传播形态、手段和方式，而且改变了人们的思维、工作、生活乃至生存方式。2014年习近平在致首届世界互联网大会的贺信中指出：“互联网日益成为创新驱动发展的先导力量，深刻改变着人们的生产生活，有力推动着社会发展。”③ 可以说，互联网的出现是迄今为止人类历史上最具影响力的一场传播技术革命。

二、传播新技术促进传播方式变革和媒体格局变化

（一）传播新技术促进了传播方式的变革

进入互联网时代后，互联网等传播新技术首先带来了传播方式的巨大变革。传统媒

① 《马克思恩格斯全集》第33卷，人民出版社1973年版，第258页。
② 《马克思恩格斯文集》第8卷，人民出版社2009年版，第169页。
③ 《习近平向首届世界互联网大会致贺词强调　共同构建和平、安全、开放、合作的网络空间　建立多边、民主、透明的国际互联网治理体系》，《人民日报》2014年11月20日。

体所依托的技术，受到版面、频道、时段等限制，在传播方式、手段以及传播内容的数量和质量上都有很大局限。而在互联网时代，互联网等传播新技术带来的是一次彻底的变革，它带来了传播方式和手段的诸多变化。

一是带来了超链接式的信息集纳方式。“超链接”，是指从一个网页指向一个目标的连接关系。超链接式的信息集纳是网站拥有庞大信息容量的技术基础。任何一个网站，其主页内容都以标题为主，以便能够容下大量信息，通过这些标题的超链接，再进入二级页面或终极页面，人们可以看到更详细的内容。这种传播方式使互联网的信息容量远远超过了传统媒体，给传统媒体带来了冲击。

二是带来了裂变式的信息扩散方式。自微博、微信产生以后，“转发”成为一种重要的传播方式。新媒体的传播方式与传统媒体不同，是通过粉丝关系网及其转发来进行点对面的传播。这种传播方式使得新媒体的信息扩散变成了裂变式的。例如在微博环境中，一个人的微博跟其他人的微博、一个人群跟另一个人群层层嵌套。只要一条信息引发用户的兴趣和关注，通过层层转发，短时间内可以迅速使信息得到扩散，产生裂变效果。这种传播方式是以往不曾有过的。

三是促进了多元声音的出现。基于互联网等传播新技术产生的自媒体促进了多元声音的出现。由于新媒体门槛低，且具有私人化、平民化的特点，可以为个人所掌握和使用，因而成为“自媒体”。自媒体平台包括博客、微博、微信、贴吧、论坛、社区等多种形式，它可以汇聚来自四面八方的不同声音，呈现出多元化趋势，使人们获取信息的渠道不再单一化。这些传播方式和手段的变革给整个传媒业的改革与发展提供了新的机遇。

（二）传播新技术促进了媒体格局和舆论格局的变化

在互联网时代，传播新技术还推动了媒体格局和舆论格局的变化。传播新技术使传统主流媒体掌控和主导舆论的局面受到严重冲击，商业网站和自媒体逆袭而上，其信息和舆论传播力影响力越来越大。

在此背景下，传统主流媒体需要主动借鉴传播新技术的优势及特点，不断创新传播方式，壮大自身实力，努力掌握舆论引导的主动权和领导权，使自己在新媒体环境中能够立于不败之地。

三、传播新技术促进传播理念更新

传播新技术还促进了传播理念的更新，“开放”“互动”“共享”“用户”等新的传播理念成为推进传媒改革发展的动力。

（一）“开放”理念

一是传播介质的开放。在传播新技术条件下，各种媒介的边界越来越模糊，各种介质之间彼此渗透与融合。同时，作为实体单位的媒体机构，也不再是传统的只做报纸、杂志或广播、电视的内容，一个媒体机构往往需要兼顾多种介质的内容。

二是传播主体的开放。在传播新技术条件下，公众可以通过自媒体平台自主传播信息，成为传播者。

三是传播内容的开放。报纸、杂志、广播、电视、网络可以相互渗透；所有内容被储存于云端，根据不同需要重新配置，各取所需；媒体内容不再只是由媒体制作，用户也可以生产内容(UGC)，成为内容提供者。

（二）“互动”理念

与传统传播路径不同，“互动”成为一个关键概念，媒体与受众之间和用户相互之间的互动成为一种普遍的传播现象。前者形成了“传播—反馈—再传播”的关系模式，后者使用户之间可以借助媒体平台相互进行沟通和交流。

（三）“共享”理念

在传播新技术提供的平台上，用户与用户之间可以通过转发、转载等形式，分享彼此认为有益的、有价值的优质内容。在传播新技术条件下，每个用户在媒体平台上看到喜欢的内容，或是自己想要表达观点，可以通过发布或者专访的形式与他人进行共享。同时，媒体也可以通过其平台分享其他媒体的内容。这种共享行为能使优质内容得到扩散，进而产生“放大器”和“筛选机”的效果。这既给媒体传播提供了机遇，也带来了更高的要求，媒体要在做好内容的基础上调动用户来分享和传播其内容。

（四）“用户”理念

“用户”，指的是拥有自主传受权利的媒体使用者。在传播新技术条件下，受众被动接收信息的状况已发生很大变化，取而代之的是掌握着媒体传播平台的“用户”。与“受众”相比，“用户”的传受角色是不明确的，具有很强的主动性。对媒体来讲，用户观念意味着内容接收者不再只是被动的传播“客体”，而是可以在不同内容和不同媒体间作出选择的传播“主体”，因此，媒体的信息传播应有更好的服务意识，在内容上须更多地考虑用户需求。

四、传播新技术推动媒体融合发展

马克思曾指出，“社会劳动生产力，首先是科学的力量”①。互联网的诞生充分体现出传播技术对媒体生产力的解放和对社会变革的促进。江泽民在 2001 年就阐述过发展互联网和实现信息网络化的方针，即“积极发展，加强管理，趋利避害，为我所用”。他还提出，党的一切工作“都应该适应信息网络化的特点。”②

新一轮大规模的媒介革命，在互联网与信息技术的强势推动下蓬勃发展。随着微博、微信、智能手机、平板电脑、阅读终端、无人机等媒介工具的广泛应用，异军突起的新媒体在拓展信息传播方式、增强信息传播时效的同时，也给传统的传媒行业和新闻工作者带来巨大挑战。

当下，媒体作为贯穿和联通国家经济建设、政治建设、文化建设、社会建设、生态文明建设“五位一体”总体布局中的关键性元素，正以前所未有的速度深刻影响并改变着社会及行业运行的规则。因此，在新媒体环境下如何通过改革创新，更好地发挥媒体在国家建设和发展中的重要作用成为一个重大问题。正是在此背景下，党和政府把传媒改革与媒体融合发展问题上升到了国家战略的高度，提出了要推动传统媒体和新兴媒体融合发展的战略任务。

如今，媒体融合已成为传媒改革与发展的主流趋势。报纸、广播、电视等传统媒体与基于互联网和智能终端的新兴媒体有效融合，正在形成全新的传播模式和发展模式，并已显示出广阔前景。与传播新技术同行，就必然要走媒体融合发展之路。

---

① 马克思：《政治经济学批判大纲》第 3 分册，人民出版社 1963 年版，第 369 页。
② 《江泽民文选》第 3 卷，人民出版社 2006 年版，第 300 页。

第二节　用互联网思维和先进技术推动媒体融合发展

推动传统媒体和新兴媒体融合发展，就要强化互联网思维，坚持传统媒体和新兴媒体优势互补、一体发展，同时要坚持先进技术为支撑和内容建设为根本，推动传统媒体和新兴媒体在内容、渠道、平台、经营、管理等方面的深度融合。

一、媒体融合要强化互联网思维

互联网改变了传统的传播模式，其传播主体、传播方式、传播路径均为发散式的。在此基础上的媒体融合，绝不是在原来传统媒体基础上的叠加，也不是传统媒体业务与新媒体业务的并行，而是要实现各种媒介资源、生产要素的有效整合，实现信息内容、技术应用、平台终端和人才资源的共享融通，形成一体化的组织结构和传播体系。这就需要强化互联网思维，善于用互联网思维来推动媒体融合发展。

在媒体融合中，“互联网思维”是指要在互联网条件下来思考媒体融合问题。这种思维方式要求新闻工作者既要充分考虑即时传播、海量传播、互动交流、用户体验等互联网传播特征，也要充分运用大数据和云计算等互联网技术，特别是要倡导“开放”“平等”“分享”精神，努力搭建开放平台，提倡平等互利，实现产品分享，从而推动媒体融合发展。

（一）搭建开放平台

媒体在本质上是一种开放的介质和平台，这个平台不仅运行内容，还能成为各种资源汇聚和分发的节点，实现各种资源的对接。以微信为例，作为一个交友和通信的平台，它提供各种基础服务，能够形成一个有价值的人际交往平台，用户借助这个平台可以自由交换信息，传递情感。

（二）提倡平等互利

“平等”意味着传统媒体时代传者与受众之间的供给关系已经被彻底打破，而新媒体形态下的媒体与用户趋于平等。任何媒体机构与个人只是网络的一个节点，节点与节点之间随时都有可能发生互动行为并彼此影响。媒体机构需要舍弃居高临下的强者姿态，与用户建构一种点与点之间相互尊重、平等沟通的关系，真正遵循互惠互利、互传互受的新型交往法则。事实上，新媒体的井喷式发展虽然只有短短几年时间，但已经涌现出无数由用户聚沙成塔进而反作用于媒体的现实案例。

（三）实现产品分享

能否以“分享”的态度看待和处理新媒体时代的诸多现实问题，是考量人们是否真正具有“互联网思维”的重要指标。借助互联网平台，拥有不同媒介产品的媒体得以相互配合，在各个新领域中创造出全新的互利共赢关系。这些现象充分表明，分享是网络时代的核心要素，也体现出互联网科技的强大生命力。分享在使得传播链、信息链无限延伸的同时，也完成了其价值互换，从新闻采集、信息传播、意见评点，到舆论引导、项目推广、品牌营销，都可以通过分享思维获得提升。

二、坚持传统媒体和新兴媒体优势互补

在新媒体环境和传播新技术条件下，“互联网已成为思想文化信息的集散地和社会舆论的放大器”。① 对此，胡锦涛指出：“我们要充分认识以互联网为代表的新兴媒体的社会影响力，高度重视互联网的建设、运用、管理，努力使互联网成为传播社会主义先进文化的前沿阵地、提供公共文化服务的有效平台、促进人们精神生活健康发展的广阔空间。”②

媒体融合是一场自我革命。加强传统媒体和新兴媒体建设，使之实现优势互补，融合发展，以壮大我国媒体实力，形成舆论引导新格局，是一项重要的战略任务。2014 年中央全面深化改革领导小组第四次会议，审议通过了中央《关于推动传统媒体和新兴媒体

① 胡锦涛：《在人民日报社考察工作时的讲话》，《人民日报》2008 年 6 月 21 日。
② 胡锦涛：《在人民日报社考察工作时的讲话》，《人民日报》2008 年 6 月 21 日。

融合发展的指导意见》(简称《指导意见》)，将媒体融合问题上升到国家战略发展的高度。习近平在会上强调，要坚持传统媒体和新兴媒体优势互补、一体发展。

拓展资料

推动媒体融合向纵深发展　巩固全党全国人民共同思想基础

2019 年 1 月，中共中央政治局就全媒体时代和媒体融合发展举行集体学习。习近平在会上强调，推动媒体融合发展、建设全媒体成为我们面临的一项紧迫课题。要运用信息革命成果，推动媒体融合向纵深发展，做大做强主流舆论，巩固全党全国人民团结奋斗的共同思想基础。①

在传播新技术快速发展的今天，媒体融合首先要坚持传统媒体和新兴媒体的优势互补。传统媒体的主要优势是新闻信息采集、加工和生产较为系统和规范，主要体现在信息品种齐全、信息网络广泛、信息汇聚迅速、信息发布权威、媒介用户普遍等方面。如报纸新闻内容的可靠性与可确认性，对新闻事实的深度开掘能力以及新闻评述与解读的权威性都技高一筹；广播的听众覆盖广泛、收听的便利性强；电视新闻视听兼备、现场感强、传播迅速、功能齐全。但传统媒体在生产方式、管理机制、技术研发、市场评估等环节上存在的劣势也很明显。

新兴媒体的主要优势是可以实现个性化的海量信息处理与推送，同时在形成网络正能量、舆论监督、网络反腐等方面可以发挥积极作用。但是，新兴媒体上谣言和负面信息的传播，也为社会大众所诟病。

由此可见，传统媒体在内容生产上有着深厚的基础，新兴媒体在传播技术上有着明显的优势。传统媒体和新兴媒体的融合，可以取长补短，能有效提升新闻媒体的话语权、舆论引导能力和舆情监测能力，实现传媒发展质的飞跃。

在媒体融合进程中，传统媒体与新兴媒体之间不应该是一种此消彼长的关系，更不意味着传统媒体“被取代”，乃至“消亡”，而是以“一体发展”和“互利共赢”为最终目标。

纵观世界媒介发展历史，一种新兴媒体的兴起绝不是以另一种传统媒体的消亡为代价，而是相互取长补短，寻找合理的市场定位，以实现共同发展。报刊、广播、电视的发展历史足以证明这一点。因此，当前的媒体融合战略，其主要目标是实现传统媒体与新兴媒体的“一体发展”。

① 《习近平在中共中央政治局第十二次集体学习时强调　推动媒体融合向纵深发展　巩固全党全国人民共同思想基础》，《人民日报》2019 年 1 月 26 日。

近年来，在国家政策指导下和新闻界自身努力下，我国传统媒体和新兴媒体的融合发展取得了一些积极成果。人民日报、新华社、中央广播电视总台等采取的融合创新举措都可圈可点，值得借鉴。

三、坚持先进技术为支撑和内容建设为根本

在媒体改革和融合发展过程中，到底是内容重要还是技术重要，是“内容为王”还是“渠道为王”，一直存在争论。实际上，内容的生产与传播需要依靠技术的支持，技术反过来需要有价值的内容支撑才具有传播意义。传播技术与传播内容互为支撑、相互补充，如同双轮驱动，共同构成媒体的核心竞争力。正因为此，习近平提出要“坚持先进技术为支撑、内容建设为根本”①。这一论断从根本上解决了如何正确看待“内容为王”与“渠道为王”的关系问题。

（一）先进技术为支撑

新闻媒体要在媒体融合过程中大力推进技术革新，充分发挥技术的作用，要用先进技术拓宽内容、拓展渠道、扩大用户、完善服务，要顺应互联网传播移动化、社交化、视频化的趋势，积极运用大数据、云计算等新技术，发展移动客户端、手机网站等新应用新业态，不断提高技术研发水平，以新技术引领媒体融合发展，驱动媒体转型升级。

（二）内容建设为根本

新闻媒体要把工作重点放在加强内容建设上，要适应新兴媒体的传播特点，借助先进技术来加强内容建设，创新采编流程，优化信息服务，以内容优势赢得发展优势。在新媒体时代，传统媒体长期以来所形成和拥有的采访权、公信力、信息采集核实和分析解读能力，以及专业采编队伍、科学管理制度等优势依然存在，特别是在内容生产能力及内容真实、权威、可信方面更是优势明显。在媒体融合过程中强调技术引领和驱动的同时，传统媒体必须始终坚持“内容为王”，要把强化优质内容建设摆在最核心的位置，并且最大限度地延伸和拓展这一优势，尽可能地对传播内容进行深度挖掘和质量提升。

---

① 《习近平关于全面建成小康社会论述摘编》，中央文献出版社 2016 年版，第 117 页。

互联网时代的“内容”，已不再是单一的文字、图片和视频，更多地体现为交互性的动态形式。对于优质内容的制作与传播，需要结合互联网的媒介特质，进行适度编排和调整。一是在信息量上要力求贴合“微传播”趋势，以精准短小、鲜活风趣、亮点集中的信息为主；二是在传播机制上，要积极利用各种新媒体工具，及时完成信息采集，抢占新闻发布先机；三是在信息元素构成上，要形成文字、图表、动漫和音视频等多媒体形式的多维融合；四是在分众化服务上，要利用数据分析，改变“新闻超市”做法，以精准传播实现个性化服务。

四、推动传统媒体和新兴媒体深度融合

在传播新技术条件下，传媒业改革与发展必然要走融合发展之路。但推动传统媒体和新兴媒体的融合不能流于形式，而要以全新的理念和思维来实现各种媒介资源、生产要素有效整合，实现内容、渠道、平台、经营、管理等多方面的共享融通，催化融合质变，放大一体效能。

（一）内容融合

“内容融合”，一方面表现为媒体专业生产内容与用户生产内容的融合。在新传播技术条件下，用户生产内容已成为媒体传播内容的重要组成部分，它具有及时性、平民化的特点。在媒体融合过程中，首先要进行的就是传统媒体专业生产内容与用户生产内容的融合，要把用户生产内容纳入媒体生产内容的体系之中。另一方面表现为不同介质内容呈现方式的融合。传播新技术打破了传播内容在技术手段上的壁垒，不同介质的内容都可以进行数字化处理和传输，文字、图片、音频、视频、动画等多种介质可以融合出现。不同介质内容的融合，促使“融合新闻”这种新型新闻形态出现。

（二）渠道融合

从宏观层面看，媒体的传播渠道包括人际传播、组织传播和大众传播等。从微观层面看，媒体的传播渠道包括传统的内容传输载体，如报纸、广播、电视等，和互联网等新的传播渠道。在传播新技术条件下，媒体在坚持发展传统传播渠道的基础上，要进行

以网络和终端融合为主的新传播渠道的融合。移动媒体已成为中国第一大上网终端，微博、微信、微视频、客户端，已成为信息传播的新常态。传统媒体必须高度重视这些新渠道，探寻一条符合中国媒体发展的融合路径。传统媒体可以建立全媒体采编平台，通过内容的集约化制作，实现文字、图片、音频和视频等新闻素材的多级开发，根据自己旗下各种子媒体(包括报纸、杂志、网站、手机报等)的不同需要，生产出形态多样的终端产品。

（三）平台融合

“平台融合”，是指报纸、杂志、广播、电视等不同的媒体平台，与互联网及智能终端等新兴媒体平台的有机融合。平台融合能够使各种不同形态的媒体各自发挥其长处，实现优势互补。任何一种形态的媒体，未来发展都不可能依靠单一的媒体形态。各种不同的媒体平台彼此互相补充，可以形成“一加一大于二”的力量。同时，平台融合需要有媒体数据库作为支撑。媒体可以建立庞大的数据库，囊括大量的文字、图片、视频、音频、动漫等素材，供各类不同形态的媒体各取所需。

（四）经营融合

“经营融合”，是指在经营方式和手段上的融合。经营融合首先要实现广告经营的融合。传统媒体一方面可以通过多种渠道的自营及代理业务，拓展新的广告运营平台，打造一个包括报纸、电视、电台、手机、杂志、互联网在内的立体全面的广告投放平台。另一方面在“互联网+”的环境下，经营融合需要整合线上、线下两种方式。以报纸为例，报纸订阅既可通过传统的邮局付款或直接到报摊买报纸的方式，也可在线支付，甚至可以采用微支付等方式。总之，经营融合需要借助“互联网+”，并结合传统媒体自身优势，不断开拓市场，提升市场竞争力。

（五）管理融合

“管理融合”，是指实现媒体内部组织的融合。管理融合具体包括两方面，一是组织机构的融合。媒体机构必须改变架构，建立新型组织，使之能够适应、支持和推动变革，保持媒体融合战略实施的连续性，保证媒体融合之后工作的高效率。二是编辑部融合。即把传统的编辑部融合为大编辑部，采集的素材传回编辑部后，由编辑统一制图与设计，加工制作成不同类型的新闻产品。各种形态的媒体、各种类型的报道可以在此基础上不断延伸。为此，需要有一批具备相应能力的“多媒体记者”和“全能型记者”。

以上五方面是推动媒体深度融合的基本路径。在此基础上，还需要做好以下工作：突破采编发流程再造的关键环节，以融媒体中心建设为龙头，创新媒体内部组织结构，构建新型采编发网络；确立移动优先战略，创新移动新闻产品，打造移动传播矩阵；加强全媒体人才培养，加强媒体融合政策保障，推动形成以中央媒体为引领、省级媒体为骨干的融合传播布局。

五、确保媒体融合发展坚持正确政治方向

随着媒体格局与舆论格局的变化，加强传媒业管理难度加大且更为迫切。当前，微博、微信等新媒体用户增长迅速，覆盖面越来越广，其影响日益扩大，社会动员能力不断增强，成为舆论新格局中的重要组成部分。在此背景下，如何坚持“党管媒体”原则不动摇，如何确保媒体融合发展始终坚持正确政治方向，如何加强网络法治建设和科学管理，以维护网络信息传播秩序和国家安全与社会稳定，已成为摆在我们面前的现实突出问题。

习近平提出，在推进媒体融合过程中“要一手抓融合，一手抓管理，确保融合发展沿着正确方向推进。”① “抓融合”，就是要促进传媒产业的融合发展和整体发展。“抓管理”，就是要确保新闻事业牢牢掌握在党和人民手中，始终坚持正确政治方向，发挥好新闻媒体作为党和人民“耳目喉舌”的重要作用。这就需要增强政治意识，坚持政治家办媒体，遵循新闻传播与新媒体发展规律，科学管理媒体。要提升运用新媒体做好舆论引导，特别是网上舆论引导的能力和水平。

第三节　打造新型主流媒体　构建现代传播体系

与传播新技术同行，需要“着力打造一批形态多样、手段先进、具有竞争力的新型

① 习近平：《共同为改革想招，一起为改革发力》，新华网 2014 年 8 月 18 日。

主流媒体，建成几家拥有强大实力和传播力、公信力、影响力的新型媒体集团，形成立体多样、融合发展的现代传播体系。”①

一、打造一批有竞争力的新型主流媒体

随着传播技术的突飞猛进，传统主流媒体开始显得越来越不适应新的媒体格局、舆论环境和传播方式，其主流地位受到严重冲击，其传播力和影响力与其所肩负的舆论引导重任之间出现明显落差。因此，要牢牢把握舆论引导的主动权，就须着力打造一批形态多样、手段先进、具有竞争力的新型主流媒体。

我们通常所说的“主流媒体”，是指具备一定规模，体现并传播社会主流意识形态和主流价值观，能够引导社会发展前进方向，具有较大传播力、引导力、影响力和公信力的媒体。在新的媒介环境下，传统主流媒体面临转型问题，而新兴媒体则面临融入主流问题，因此只有实现融合发展，才能形成具有强大传播力和竞争力的新型主流媒体。

这些“新型主流媒体”，在互联网思维指导下，坚持以服务用户为核心，以开放平台为功能转型，以传播新技术为支撑，在传播主流意识形态和主流价值观方面占据优势，其形态多样、手段先进、具有较强竞争实力。

如今，建构新型主流媒体已上升为国家战略，这是在当前传统媒体影响力减弱，话语权受到新兴媒体巨大冲击的背景下，从“巩固宣传思想文化阵地、壮大主流思想舆论”的角度提出来的一项重要任务。新型主流媒体可以来自传统媒体，也可以来自新兴媒体，只要是能够正确表达国家话语，充分体现社会主义核心价值，为人民群众喜闻乐见并具有足够影响力的融合媒体，都可以进入新型主流媒体的范畴。

新型主流媒体首先应该是形态多样的媒介聚合体。一个传媒集团旗下拥有报纸、网站、手机报、移动客户端、微博、微信、户外大屏等多种媒介终端，传媒集团通过整合旗下所有媒介终端的力量，形成新闻宣传和舆论引导的合力，进行全媒介形态和立体化的传播。构建新型主流媒体的关键在于更新报道理念，加强内容建设。只有当内容可听可看可用可接受时，媒体所构建的形态多样的平台才有价值，否则建设再多的新媒体平

① 《习近平主持召开中央全面深化改革领导小组第四次会议强调　共同为改革想招一起为改革发力　群策群力把各项改革工作抓到位》，《人民日报》2014 年 8 月 19 日。

台也无济于事。

其次，新型主流媒体建设还需要有先进的技术手段作为支撑。这就需要充分借用和融合新兴媒体的技术优势，利用其便于与受众互动，便于受众在移动中接收信息，便于在海量储存中检索信息，便于即兴披露信息和发表意见，便于借助文字、图片、音频、视频等多种形式表达等优点，并把上述优势和优点转化为自身的优势和优点。同时，还要强化互联网思维，摒弃传统思维方式，革除旧有传播模式，遵循新兴媒体发展规律，以适应新的媒介生态环境，不断壮大和发展。

第三，新型主流媒体还应当是拥有强大竞争力的媒体。这就需要规范工作流程，提高传播质量，提升公信力；要积极参与市场竞争，不断提升竞争能力，努力占领传媒市场。除此之外，还要拥有较大话语权和具有重要影响力，要充分表达公众心声并使之与党和政府的主张对接。为此，新型主流媒体要具有宏观视野和政治远见，能对社会现实和未来走向作深入思考，对舆情的研判力和舆论的引导力能高人一筹，对现实矛盾及其解决路径，对国内外意识形态领域的复杂形势有深刻认识和准确把握。

二、建设有强大实力和传播力、公信力、影响力的新型媒体集团

媒体融合的根本目标是合理重组和有效利用各种资源，发挥媒体的整体综合优势，解放媒体生产力，释放其传播效果和产业潜能，增强媒体整体竞争力，提高舆论引导能力。因此，在打造新型主流媒体的基础上，还要努力建设具有强大实力和传播力、公信力、影响力的新型媒体集团。

建设新型媒体集团强大实力的核心是要使媒体拥有核心竞争力，这是事关国家软实力、国际话语权和舆论引导能力的重要条件。媒体的核心竞争力集中体现在其传播力、公信力和影响力上。因此，增强传媒竞争力，必须提升媒体的传播力、公信力和影响力。

一般说来，媒体的“传播力”指的是媒体对新闻信息进行采集、制作和传播的能力，媒体的“公信力”指的是媒体获得受众信任的程度和能力，媒体的“影响力”指的是媒体对社会与公众产生影响的能力。媒体的传播力是实现媒体影响力的前提条件，而影响力则是传播力在传播终端的具体体现与终极目的，是媒体赢得公信力的重要基础。三者相辅相成，紧密联系，是媒体吸引受众、占领市场、获得社会效益和经济效益，并在众

多传媒中保持独特竞争优势的关键性因素。

增强媒体的核心竞争力，扩大其传播力、影响力和公信力，需要做好以下几方面的工作：一是坚持正确的政治方向，做好党、政府和人民的耳目喉舌；二是发挥新兴媒体优势，大力提升传播力，使传播内容更加形象生动、贴近民心，传播方式更加多种多样；三是发挥传统主流媒体的权威性与公信力优势，并带动和影响新兴媒体，全面提高传媒公信力；四是借助各种传播渠道与传播平台的整体力量，扩大传播影响力。

近年来，我国在打造新型媒体集团方面已经取得初步成效，一些具有一定实力和传播力、公信力、影响力的新型媒体集团正在出现。如 2012 年 4 月 27 日，人民网在上海证券交易所上市交易，募集资金 13.8 亿。它的成功上市创造了中国资本市场的两个第一：第一家在国内 A 股上市的新闻网站，第一家在国内 A 股整体上市的媒体企业。2016 年 10 月 28 日，新华网登陆上交所。

三、形成立体多样、融合发展的现代传播体系

“现代传播体系”，是指由现代传播技术、传播渠道与传播关系结合而成的传播体系。构建现代传播体系是一个系统工程，这种现代传播体系应该是“立体多样、融合发展”的。“立体多样”，就是要构建和发展包括传统媒体、网络媒体及各类新兴媒体在内的全方位、全覆盖、全功能的新闻传播体系；“融合发展”，就是要充分吸收传统媒体和新兴媒体的优势，借助传播新技术，实现全方位的媒体融合。

具体而言，现代传播体系建设，可从传播技术与传播关系入手。传播技术是构建现代传播体系的强大基础支撑。发展传播技术，需要与时俱进，不断创新，需要积极采纳各种先进传播技术，需要把“三网融合”作为构建现代传播体系的重要工作来推进，以深入推进媒体融合，为媒体融合提供技术基础和技术保障。

除了坚持先进技术为支撑，还需要梳理、调整好传播关系，形成新的传播规范，使所有传播活动参与者有规可循。现代传播关系要求重新认识传播者与接受者之间的关系，并据此改变传播方式。同时，传播新技术带来的现代传播关系，要求进一步完善法律法规体系，完善新闻从业者职业道德体系，保证现代传播关系得以正常运行。

构建和发展现代传播体系，提高传播能力，已成为当前新闻界的一项重要使命。传

统媒体不能把新媒体和传播新技术仅仅当成是传统业务的延伸，而需要在思想观念、战略布局、体制机制、组织结构、人员构成、内容生产方式、传播方式、经营管理方式、运营模式、盈利模式、企业文化等多方面进行根本变革并实现全面创新，唯此才能最终建成立体多样、融合发展的现代传播体系。

思考题

1. 传播新技术是如何推动新闻事业发展的?
2. 在媒体融合过程中应当如何运用“互联网思维”?
3. 结合本讲内容和新闻业实际情况，谈谈如何推动媒体融合发展。
4. 你认为可以通过哪些途径来提高传统主流媒体的竞争力、传播力、影响力和公信力?
5. 在当前媒体格局与传播技术条件下，如何才能打造一批新型主流媒体?

第十二讲 讲好中国故事 传播好中国声音

1848 年，马克思和恩格斯在《共产党宣言》中富于创见性地预言了国际传播的历史必然性：美洲的发现，绕过非洲的航行，给新兴的资产阶级开辟了新的活动场所。世界市场的开拓，使一切国家的生产和消费都成为世界性的了。物质的生产是如此，精神的生产也是如此。各民族的精神产品成了公共的财产。①

马克思和恩格斯所处的时代还不可能预见到广播、电视、互联网等新的媒介形态。在媒介文化高度发达的今天，“世界市场”的开辟所带来的经济全球化也促成了“国际传媒市场”的建立，从而使跨越民族—国家边界的“国际传播”成为现实。随着国家经济社会的发展和整体实力的提升，我国对外传播和国际传播不断发展，能力不断提高，影响不断扩大。

在新闻实践中，我们所讲的对外传播和国际传播是两个既有区别又密切联系的概念，对外传播是指中国新闻向世界其他国家传播，也可以说是中国新闻的国际传播，而国际传播是一个更宽泛的概念，既包括中国新闻的对外传播，也包括中国媒体采集、编发世界其他国家新闻并在国际上传播。

本讲将运用马克思主义新闻观，比照近年来国际传播的变化和我国媒体加强中国新

---

① 《马克思恩格斯文集》第 2 卷，人民出版社 2009 年版，第 35 页。

闻对外传播和国际传播能力建设的实践，阐明在以“全球、全民、全媒”为特征的新型传播生态环境中，如何在理论和实务上改善和创新我国对外传播与国际传播工作，努力讲好中国故事，传播好中国声音，增强在国际上的话语权。

第一节 统筹国内国际新闻传播

随着综合国力和国际地位的不断提升，我国媒体的对外传播和国际传播能力有了明显提高，影响力不断扩大。但总体而言，我国媒体的国际影响力和在国际舆论场中的话语权仍然比较弱，与我们国家日渐强大的“硬实力”并不相称。因此，我们亟须认清当前我国媒体国际传播的发展现状和面临的挑战，进一步统筹国内国际两个方面，强化对外传播和国际传播能力建设，更好地服务国家改革发展大局。

一、认清我国国际传播现状

我国经济、政治、文化、社会以及军事、外交等各领域实力的增强，是对外传播和国际传播影响力不断扩大的基础。近年来，我国媒体的对外传播和国际传播能力已有很大提升，2008 年的北京奥运会、2010 年的上海世博会、2016 年的杭州 G20 峰会、2017 年北京“一带一路”国际合作高峰论坛以及 2018 年上海合作组织青岛峰会等，不仅凸显了我国国际地位的提升，同时也是进入 21 世纪以来展现我国对外传播和国际传播能力的几次重要机遇。但是，从整体看，我国媒体的传播力、引导力、影响力、公信力等在更高层面上还有许多不足，要在国际传媒竞争中占据优势地位还有很长的路要走。

近些年来，在我国加速发展的大背景下，由于一些具有全球影响力的西方媒体针对我国所进行的“议程设置”和舆论攻势，使得我国对外传播和国际传播面临较为复杂的局面。国际传播领域“西强我弱”的格局尚未得到根本性改变，我国媒体对外传播和国际传播的力度、广度和深度距离全球受众的期待还有不小差距。

在此背景下，以习近平同志为核心的党中央审时度势，就提升我国国家文化软实力和加强我国媒体对外传播和国际传播能力建设做出一系列战略部署。2013 年 11 月中共十八届三中全会通过的《中共中央关于全面深化改革若干重大问题的决定》，明确提出了“建设国际一流媒体，提高国际传播能力和加强对外话语体系建设”的任务。

在2013年8月的全国宣传思想工作会议上和12月的中央政治局集体学习时，习近平对加强和改进外宣工作又提出了“着力打造融通中外的新概念新范畴新表述”“讲好中国故事，传播好中国声音，增强在国际上的话语权”的要求。

2014年8月，习近平在中央全面深化改革领导小组第四次会议上进一步提出，加快传统媒体和新媒体的融合发展，着力打造一批形态多样、手段先进、具有竞争力的新型主流媒体，建成几家拥有强大实力和传播力、公信力、影响力的新型媒体集团。这也是新一届中央领导集体对新形势下加强和改进我国对外传播工作所绘制的“路线图”。

2015年，习近平在《人民日报海外版》创刊30周年所致贺信中肯定了该报在积极传播中华优秀文化、宣介中国发展变化方面所取得的成就和发挥的作用，要求它在新起点上总结经验、发挥优势、锐意创新，用海外读者乐于接受的方式、易于理解的语言，讲述好中国故事，传播好中国声音，努力成为海内外华人华侨增信释疑、凝心聚力的桥梁纽带。这充分体现了党中央对世界舆论格局发展变化的深刻把握和对加强我国媒体对外传播和国际传播能力建设的高度重视，为新形势下进一步做好外宣工作提供了根本遵循，也为我国媒体进一步提升国际话语权、传播力、影响力明确了奋斗目标，提供了行动指南。

2016年习近平在党的新闻舆论工作座谈会上的讲话中，提出了48字的“职责和使命”，其中“联接中外、沟通世界”是对我国媒体加强对外传播和国际传播能力建设提出的明确要求。他在会前到人民日报、新华社和中央电视台三家中央主流媒体调研时，提出了“打造具有较强国际影响的外宣旗舰媒体”的任务。在与中央电视台北美分台团队做视频互动时，他得知90%的工作人员来自当地，充分肯定了该团队的“国际化”特色。这说明，我国媒体在提升对外传播和国际传播能力的过程中，要改善机制、不断创新，以“国际化”和“本地化”为基本原则，提升对外传播的品质和效果。

2018年，习近平在全国宣传思想工作会议上的讲话中，对新形势下宣传思想工作提出了“举旗帜、聚民心、育新人、兴文化、展形象”的使命任务。强调“展形象”就是要推进国际传播能力建设，讲好中国故事、传播好中国声音，向世界展示真实、立体、全面的中国，提高国家文化软实力和中华文化影响力；强调要完善国际传播工作格局，创新宣传理念、创新运行机制，汇聚更多资源力量。

当前，中国在国际上的形象很大程度上仍是“他塑”而非“自塑”，我国媒体在对外传播中有时仍处于“有理说不出”“说了传不开”“传开叫不响”的境地，存在着信息流进流出的“逆差”，中国真实形象和西方主观形象的“反差”，软实力和硬实力的“落差”，对外话语的创造力、感召力和公信力还有待进一步提升。然而，形势的发展也说明，国际舆论的天平正在向中国一端倾斜，我国对外传播和国际传播事业正迎来跨越式发展的难得机遇。这就需要我们以马克思主义新闻观为指导，在理念和实践层面进行大胆探索和深层次变革。

二、统筹国内国际两个方面

当前，新技术的出现，特别是互联网等新媒体的出现，打破了信息沟通与文化交流原有的时空限制，也打破了新闻信息与舆论传播原有的地理边界和政治壁垒，使得新闻信息与舆论传播开始向全球范围拓展。某一区域性的舆论热点借助新的传播技术可以迅速传到世界各地，引发新闻舆论场的连锁反应和跨国震荡。

在这种情况下，各国之间在经济、文化、政治等方面的沟通与联系日益紧密，在思想文化、意识形态、价值观念等方面的相互影响和渗透日益加深。人们越来越容易受到隐藏在新闻信息背后的各种思想文化、意识形态和价值观念的影响，这就使得社会舆论形态更加多样化，社会舆论环境也更加复杂化。因此，对一个国家来说，其新闻信息与舆论传播已经不再是孤立的和单向度的，而是会或多或少、或直接或间接地受到外部信息和国际舆论的影响。

在这样的信息和舆论传播环境中，我国新闻媒体对外传播的话语权及舆论调控能力不仅仅关系到国家的信息安全，也会深刻影响国内民众的民族自尊心和自信心。这就要求对外新闻传播要及时、有效地对各种国内外的重要信息和舆情、舆论做出反应，加以引导，要尽可能掌握对外传播和国际传播的话语权，在对国际重大事件的报道中发出我国自己的声音。

在当前世界政治多极化、经济一体化和信息传播全球化的潮流中，我国需要加强与世界的联系和沟通，争取较好的外部环境，塑造良好的国家形象。这也要求我国新闻媒体积极掌握对外传播和国际传播的话语权，并且善于借助高超的新闻传播技巧和舆论引导艺术积极、主动、有效地影响国际舆论，以维护国家利益，提升国家的影响力。

无数事实说明，如今的对内与对外传播、国内与国际传播已经相互交叉，相互融合，相互影响，真正体现出“你中有我，我中有你”，国内问题很容易引发国际反响，国际问题也很容易在国内引起反应。因此，新闻媒体需要立足国内，放眼世界，既要熟悉国情，又要有国际视野，始终注意将国内新闻报道和国际新闻传播放在一盘棋中做统筹考虑和安排，即在进行国内新闻报道时兼顾国际新闻传播，在进行国际新闻传播时兼顾国内新闻报道，这样才能获得好的传播效果，赢得舆论主导权。

统筹国内国际新闻传播，已成为全球化时代对新闻传播的必然要求。2008 年 6 月，胡锦涛在视察《人民日报》时指出，国际形势的发展变化呈现出新的特点，随着我国开放程度的不断加深，我们与世界的联系愈加紧密，做好党和国家工作必须统筹国内国际两个大局，传播工作也必须统筹国内国际两个方面。①

“统筹国内国际两个方面”，这是在新形势下做好我国新闻宣传和舆论工作必须具备的意识，也是加强我国对外传播和国际传播的重要指导方针。

习近平继承、创新和发展了中国特色社会主义对外传播观和国际传播观。他提出的“提高国家文化软实力，努力提高国际话语权”等理念，继承并发展了毛泽东“把地球管起来，让全世界都能听到我们的声音”的战略构想。② 他为加强和改进对外传播和国际传播工作制定的“讲好中国故事，传播好中国声音”的指导原则，不仅坚持了内容上的正确导向，而且着力强调了传播效果和策略的重要性，更加契合当今国际传播的发展态势。

在改进对外传播方式和创新对外话语体系方面，中国共产党几代领导人结合当时新闻传播的发展大势都提出过明确要求。毛泽东强调要尊重国外读者的接受习惯，“软硬结合”，力戒“党八股”和“浮夸之风”；邓小平强调要了解国外受众，实现话语对接；江泽民强调要积极运用现代化信息技术加强和改进对外传播手段；胡锦涛则提出“构建和发展现代传播体系，提高传播能力”③ 的主张。习近平提出要“精心构建对外话语体系”，打造“融通中外的新概念新范畴新表述”，以及要践行“中国立场、国际表达”等，为新形势下加强和改进我国对外传播工作明确了目标和方向。

---

① 《唱响奋进凯歌 弘扬民族精神——记胡锦涛总书记在人民日报社考察工作》，新华网 2008 年 6 月 21 日。
② 《毛泽东新闻工作文选》，新华出版社 1983 年版，第 182 页。
③ 《胡锦涛文选》第 3 卷，人民出版社 2016 年版，第 639 页。

综上所述，统筹国内国际新闻传播、服务国家改革发展大局，既是当前我国对外传播和国际传播所肩负的新的历史使命，也是传承和发展马克思主义新闻观和中国特色社会主义对外传播和国际传播观的集中体现，对在新的历史形势下加强我国国际传播能力建设具有重大的战略意义和指导意义。

第二节　增强国际传播影响力

随着移动互联网技术的普及和社交媒体影响力的与日俱增，我们进入了一个“全球、全民、全媒”的时代，即新闻传播呈现出“全球一体化、全民同参与、全媒体运行”的特征。在这一新形势下，如何扩大国际视野，把握话语主动，创造有利的国际舆论环境，同时讲求传播艺术，创新传播手段，讲好中国故事，传播好中国声音，大力增强国际传播影响力，是需要认真解决的重大理论与实践问题。

一、增强全球意识，把握国际传播话语主动权

在当前形势下，增强全球意识，把握国际传播话语主动权，是增强国际传播影响力的重要条件。

从地缘政治的角度看，当前国际新闻与信息的流动呈现出自西向东、由北向南不断拓展的状况。换言之，长期以来垄断国际传播的“西方”和“北方”国家正在遭遇“他国崛起”这一新趋势的挑战。由美英两国主要媒体“双头垄断”的国际传播格局正在被改写和重组。在当今全球十大互联网公司中，美国占 6 家，中国占 4 家。在全球社交媒体平台上，阿拉伯语和汉语的使用频率大幅增长，在一些热点事件的传播中相继超越英语。这意味着长期以来由美英两国垄断、英语主导的全球信息传播秩序正在发生重大变化。

在这一背景下，我国媒体需要调整思路，在重视“向西看”的同时，进一步强化“向东看”“向南看”，把国际传播的重点转向关注“西方路灯光影以外的世界”——即经济相对落后的“东方”和“南方”国家。而当务之急，是要关注对我国具有重要战略

意义的周边国家和发展中国家，尤其是要结合“一带一路”倡议的实施，根据实际需要，按照“一区一策”或“一国一策”的思路，加强对陆上和海上丝绸之路沿线国家更有针对性的传播。

从新闻信息生产和流通机制角度看，如今的国际新闻传播呈现出自上而下、由中心到边缘拓展的状况。传统的新闻生产和传播机制主要以国家或政府主导的专业机构为主体；而在社交媒体时代，公众可以借助社交媒体成为信息发布主体，普通民众参与的“众包”机制已逐渐成为新闻信息生产的“常态”。更为引人注目的是，这种以关系为导向的信息流动还能够产生“联结效应”，从而将线上的舆论交锋转化为线下的实际行动。

从新闻传播的内容和品质看，国际新闻传播呈现出由“扁平”向“纵深”拓展的状况。在社交媒体日渐普及的今天，传统媒体在新闻报道的广度和速度上逐渐失去了“第一落点”。因此，在几乎“人人都是传播者”的时代，我们更加需要的是“纵深新闻”——即对新闻主题的深度挖掘和阐释，以及更为专业化、精准化的新闻内容生产。在此背景下，“大数据新闻”“可视化新闻”“虚拟现实(VR)新闻”等新的新闻品类应运而生，逐渐成为专业媒体在数字化时代的核心竞争力及其品牌价值所在。

总之，我国媒体需要在国际传播中践行“向纵深看”的思路，引入新的技术手段和报道形式，要在传播内容的品质上多下功夫，深入挖掘和阐明我国经济、政治、文化、社会和生态变革及其对世界所产生的影响，从而有效提升我国媒体在国际舆论场上的话语权和影响力。

二、加强对外报道，做好国际新闻传播

中国媒体的对外报道构成了对外传播的主体。我国媒体毫无疑问在中国新闻资源的掌握上拥有绝对优势，并已成为我国参与全球新闻传播竞争的重要条件。随着国际社会对中国关注度的日益提高，我国新闻媒体应该充分发挥自身优势，加强国内新闻的国际传播，争取话语主动。为此，首先要做好对外报道，同时要做好涉华国际新闻报道，以及用中国观点传播和解读国外新闻事件的国际新闻报道。

国家各项事业的快速发展，为我们做好对外报道创造了良好条件。我国新闻媒体完

全可以做出好的对外报道和国际新闻，产生好的国际影响，关键是要善于抓住时机、挖掘内容、提炼主题，做到以小见大，使所报道的新闻具有全球意义。

近些年来，一些国外媒体关于中国的报道大量增加，这与我国已成为世界第二大经济体的地位是相匹配的。我国发生的新闻事件已成为国外媒体关注的重要内容。中国人讲话没有人或很少有人听的时代已经过去，要抓住这个机会，使我国的国际新闻传播快步进入世界传播领域。

国际新闻是我国媒体进行国际传播的主体，要特别注重用中国观点去报道国际新闻，通过国际新闻报道传播好中国声音，着力展现中国智慧、中国方案、中国贡献。这是我国媒体在国际传播中的重要目标和责任。我们要将一个客观的世界反映在新闻稿件中，要报道西方一些主要媒体刻意回避的事实，发出与他们不同的声音。我们的媒体不能跟在他们后面亦步亦趋、人云亦云，必须独立思考、独立判断，讲好中国故事，发出中国声音。

三、强化新闻采集能力，努力占据国际传播制高点

目前，我国媒体与竞争对手的差距主要体现在新闻的采集能力上。国际重大新闻、独家新闻、深度新闻是各国媒体报道的重点，也是国际传媒竞争的焦点，如果没有这方面的优秀新闻产品，那么在国际舆论场上就很难有竞争力和影响力，因此我们需要强化新闻采集能力，努力占据国际新闻传播制高点。

要强化新闻的采集能力，首先是要做好国际报道的组织策划工作。现在我国一些重要主流媒体在海外都设立了分支机构，其中既有总部的外派人员，也有当地的雇佣人员。如今信息传播的技术条件已经有了很大改善，接下来关键是要强化新闻工作者的新闻采集能力，提高工作效率和质量。

其次，要努力培养一批熟悉驻在国和地区情况的记者编辑，尤其是在重点地区，记者编辑的配备要逐步加强。这些记者编辑在常驻期间，要建立起采访的人脉和可靠的新闻来源，在关键时刻要能够获得第一手材料并能做独家新闻。

第三，要探索“弯道超车”的有效途径。目前，我国媒体同其他国家媒体一样都强烈感受到了新媒体的冲击，都在采取应对措施，努力占领国际传播制高点。虽然当前我

国媒体在使用包括社交媒体在内的新媒体方面具有一些自身优势，并已取得明显进展，但如何使我们的国际传播不仅能进入发展中国家，而且能进入西方主流社会并产生影响力，仍然是一项十分迫切的任务。这就需要我们进一步拓展国际视野，树立“构建人类命运共同体”和实现“全球传播”等新理念，努力打造融通中外的新概念新范畴新表述，讲好中国故事，传播好中国声音，着力提升我国国际传播的全球覆盖率和国际影响力，力求实现“弯道超车”，取得跨越式发展。

四、讲求传播艺术，创新话语体系和传播手段

做好中国新闻的对外传播和国际新闻传播，增强国际传播影响力，要具备国际视野，讲求传播艺术，调整传播策略，创新国际传播话语体系和传播手段，提高国际传播质量和水平，同时要把握受众心理，增强传播效果。

（一）要具备国际视野，创新话语体系

我国新闻的对外传播和国际传播需要扩大国际视野，提升研判国际形势和国际问题的能力，要善于将国内问题置于国际范围内考察其价值和意义，善于用海外受众能够接受的话语表达方式讲好中国故事，传播好中国声音。

党的十八大以来，党中央高度重视对外话语体系创新工作。习近平指出要“创新对外宣传方式”，要打造“融通中外的新概念新范畴新表述”①。我国媒体着力传播的“一带一路”“命运共同体”等，一经推出便引发了国际舆论的关注和热议。

事实上，从“中国梦”“中国道路”到“中国方案”，从“一带一路”到“命运共同体”，一系列带有鲜明中国印记的概念已经成为世界流行的新语汇。中华文明是当今世界上唯一从未中断的伟大文明，有着厚德载物、汇通天下的历史文化基因。走过一百多年中西交流交融的历史过程，我国有能力构建属于自己又被世界认同的独立话语体系。用源于中国、属于世界的概念、范畴和话语来表述和阐释中国；用体现中国视角、对接世界认知的概念、范畴和话语来分析和讲述世界，做到既从中国现实出发构建阐释中国历

① 《习近平关于全面建成小康社会论述摘编》，中央文献出版社2016年版，第107页。

史的中国叙事，又以中国立场描绘当代中国人眼中的世界映像。

拓展资料

《为了更美好的生活——那些奔波在广州的非洲商人们》

克服门户之见，拓展国际视野，是我国对外传播和国际传播创新话语体系和传播手段的基本要求。具体说，就是要完成从“向世界说明中国”到“向世界阐释世界”的转型，即要从只谈（说明）自己的事，转换成既谈自己的事也谈（阐释）别人和世界的事。同时，还要提升跨文化认知能力，增强对外国文化的认知和了解，做到与外国文化的交融互鉴，从而为我们所讲述的中国故事赋予更多的普适内涵和更大的人文价值。

新闻媒体要讲好中国故事就须走出国门，跳出本土文化圈的窠臼，同时要从“人类命运共同体”的视角切入，来挖掘易于让不同文化背景的受众产生共鸣的“中国故事”。

（二）要调整传播策略，创新传播手段

要做好中国新闻的对外传播和国际传播还需要根据传播内容、方式和渠道的不同特点来调整传播策略，创新传播手段。

在以“竞争”与“融合”为主题的全媒体时代，对外传播和国际传播要采取最优化的传播方式和手段，要善于运用不同媒介形态的特质和特点，发挥其最大效能，以提高传播的针对性和有效性。新闻媒体要牢牢抓住互联网为我国实现国际传播跨越式发展提供的便利条件，深入研究“大数据时代”“融媒体时代”的传播规律，既坚持“内容为王”，又强化“互联网思维”，用好高科技新工具，实现国际传播的多媒体表达、可视化呈现、数据化解析、互动式传播，推动报道方式的创新和飞跃。

国际传播要善于通过创新新闻叙事结构和话语体系，使传播内容及方式既能影响“有影响力的人”（即主流精英和“意见领袖”），也能影响“容易被影响的人”（即普通民众，尤其是 18~35 岁的青年网民），从而推动不同媒介平台与不同话语体系之间的互联互通，提高制造“话题”、推进议程的能力。

具体说来，以脸书（Facebook）、推特（Twitter）和优兔（YouTube）为代表的社交媒体进一步改变了传统的社会舆论生成模式。过去，传统媒体倾向于支持主流价值体系，记者

主要从来自政、商、学界的“意见领袖”那里获得权威信息。社交媒体则为多元视角的事实呈现和观点论争提供了开放性的平台。任何个体或组织都可以借助社交媒体而成为叙事的主导者，挑战甚至颠覆由精英阶层单方面主导、借助传统媒体传播的官方主流叙事传播模式。

这种开放、多元的传播模式同时也给国际秩序的重建增加了不确定性。不论是个人还是非政府组织，都可以利用社交媒体来构建自己的策略性叙事，从而影响国际舆论的议题走向。伴随着全球范围内传统媒体影响力的日渐式微，当今的国际关系已经不再囿于领导人和外交使节之间的沟通与协商，各国政府还需要与网络舆情和民意进行对话和互动。

拓展资料

《一带一路　千年的时空穿越》

例如，中央电视台 2014 年 9 月 30 日播出的特别节目《一带一路　千年的时空穿越》，以习近平“亲诚惠容”的外交思想为指导，运用大量生动的影像资料展现中国与马尔代夫、印度、塔吉克斯坦等邻国的渊源之亲、合作之诚、贸易互惠及文化相容。该片没有拘泥于讲单纯的“中国故事”，而是通过唤起中国与其各邻邦之间共同的历史记忆和强化现实联系，把“中国故事”的“单文本”转变为“中马”“中印”“中塔”等彼此关联的“互文本”。

（三）要注意把握受众心理，增强传播效果

要做好中国新闻的对外传播和国际传播，讲好中国故事，还须充分尊重国外受众的阅读心理和接受习惯，弄清他们需要了解什么信息，知道他们喜欢什么，对什么感兴趣，要真正以此为依据来策划和组织报道，提供各种必要的服务，争取实现最佳传播效果。

我们对外传播和国际传播需要充分考虑国外受众的接受兴趣与实际需求，要注意根据不同的社会文化语境，善于运用他们乐于接受的具体、形象、生动、活泼的报道方式来实现传播目的，要尽可能把他们希望获知的关于中国的方方面面的新闻信息，真实、全面、及时、主动地提供给他们，主动设置议题，引导舆论。

2018 年 8 月习近平在全国宣传思想工作会议上指出：“展形象，就是要推进国际传播能力建设，讲好中国故事、传播好中国声音，向世界展现真实、立体、全面的中国，提

高国家文化软实力和中华文化影响力。”① 在这里，尤其重要的是，在向世界展现中国形象时要做到真实、立体、全面地展现，而非虚假、平面、片面地展现。

我国新闻媒体要努力实现在对外传播和国际传播中的国际化表达。在坚持“以我为主”“于我有利”的同时，多体现中国对人类命运的关怀和担当，多反映中国与世界的利益交集、情感共鸣，多贴近境外受众的思维习惯和语言习惯，把“我们想说的”同“人家想听的”更好地结合起来，以“中国智慧”突破世界发展困局，以“中国方案”破解全球治理难题，让“中国声音”促进人类文明和谐，让“中国贡献”推动世界和平发展，在增强国际话语权的过程中实现国家影响力的提升。

例如，2012 年 11 月党的十八大闭幕不久，新华社连续三天播发了一组题为《中共高层新阵容》的人物特稿系列，同时根据对外传播的要求配发了专供海外华文媒体的繁体字版和提供给国际媒体的 6 个语种的外文版。为了适应国外受众的“期待视野”，文中提供了有关新一届中央领导集体成员的丰富的背景素材，图文并茂，包含了大量生动的故事和细节。在该组稿件播发一周内，被境内外媒体采用高达 4000 余次。

再如，2013 年 12 月初到 2014 年 4 月下旬，新华社联合知名科普网站“果壳网”，以“嫦娥三号”探月工程为主题，推出了“月球车玉兔”全媒体集成报道，打通了传统媒体和新媒体两个平台，实现了主流(官方)、专家(精英)、网民(公众)三个话语体系之间的有效互动，在国内、国外两个舆论场引发了高度关注，获得积极的回应。“月球车玉兔”的官方微博一方面及时播报“嫦娥三号”的最新动向，另一方面积极开展与太空探索相关的科普宣传。与此同时，它还与网友进行情感上的交流和互动。

此外，相关的新闻报道则采用新老媒体的传播模式和语态相互“杂糅”策略，为传统媒体与新媒体的“竞合”开辟了新的路径。此次“玉兔报道”也别开生面地创造了一种“日记体通稿”，赋予通稿语言更多的“人情味儿”。《“玉兔”日记:新年好！地球》《月球车日记:我的登月之旅》等稿件的播发，打破了人们对新华社通稿的刻板印象，在国际舆论场上获得了积极的反响。美国《外交政策》(*Foreign Policy*)评论称，“玉兔”巧妙的社交媒体运用是“一次出人意料的成功”。

① 《习近平在全国宣传思想工作会议上强调　举旗帜聚民心育新人兴文化展形象　更好完成新形势下宣传思想工作使命任务》，《人民日报》2018 年 8 月 23 日。

第三节 优化国际传播战略布局

优化国际传播的战略布局、打造中国对外传播和国际传播的旗舰媒体，用创新思维统筹国内国际传播两个方面，既是实现中华民族伟大复兴的“中国梦”的时代需求，也是顺应“国际传播”发展趋势的必然选择。

习近平强调，要加强国际传播能力建设，增强国际话语权，集中讲好中国故事，同时优化战略布局，着力打造具有较强国际影响的外宣旗舰媒体。① 这为我国的国际传播从传统的对外传播升级为涉及国家战略利益的国际传播，从相对单一的新闻信息采集布局上升为以“优化战略布局”为核心的系统工程指明了方向。

一、调整传统思路，打造旗舰媒体

优化战略布局、打造对外传播的旗舰媒体是当前国际形势和国际传播趋势发展的需要。“当今世界是一个变革的世界，是一个新机遇新挑战层出不穷的世界，是一个国际体系和国际秩序深度调整的世界，是一个国际力量对比深刻变化并朝着有利于和平与发展方向变化的世界。”② 习近平的这一精辟论断为我们认识当前国际传播的形势提供了依据。

自 20 世纪 90 年代以来，冷战的终结和逐渐兴起的全球化浪潮，带来了资本、人员和信息的跨国界、跨文化和跨语际的自由流动。而随着卫星及网络传输技术的普及，以及世界地缘政治格局的改变，信息传播的民族和国家界限逐渐模糊。在经济、文化全球化的历史语境下，过去以民族—国家之间新闻信息传播为主体的“国际传播”已逐渐拓展和升级为需要从国家战略层面考虑的国际传播战略布局。这就使得我们不仅要考虑不同传播媒体的特定传播，更要考虑建立传播旗舰媒体，以取得具有战略意义的传播效果。从更高层面看，只有传播的战略布局合理，才能更好地统筹和综合运用国际和国内两个市场、两种资源和两类规则。

---

① 《论学习贯彻习近平总书记新闻舆论工作座谈会重要讲话精神》，人民出版社 2016 年版，第 6 页。
② 习近平：《共同谱写中拉全面合作伙伴关系新篇章》，《人民日报》2015 年 1 月 9 日。

优化国际传播战略布局的重要任务是要打造国际传播的旗舰媒体，只有如此才能在全局上更加深刻地把握世界发展和国际传播的大势，紧跟时代进步潮流。中国要发展，就须顺应世界发展大势，跟上时代进步潮流。因此，必须统筹好国内和国际两个舆论场，把握好国内和国际舆论发展态势，这将有助于我们对当今世界的风云变幻和舆论走势看得更准、更清、更透，进而能够从表象中发现本质，从现状中预见未来。

近些年来，我国对外传播的规模、渠道、技术等都有了明显进步，在提升国际传播力和影响力方面取得了显著成绩。然而，目前我国的对外传播和国际传播整体实力与自身的大国地位、现实需要和时代要求相比仍相对滞后，需要采取具体步骤，加快优化战略布局和打造旗舰媒体的进程。

媒体机构的全球分布和话语平台设置是战略布局至关重要的两个方面。国家为优化国际传播战略布局和打造国际传播旗舰媒体作了很多努力，人民日报社、新华社、中央电视台、中国国际广播电台、中国日报社和中国新闻社六大中央主要媒体，加大了投入力度，对已有的媒体资源进行了优化整合，开办了一些新的媒体平台。其中，中央电视台的海外记者站点数量已达 70 个，包括 2 个海外分台（还有 2 个正在建设筹备中）、5 个区域中心站和 63 个驻外记者站，数量在全球电视媒体中位居首位，基本完成了由“本土媒体”向“全球媒体”的转型。新华社在原有 120 多个海外分社的基础上，又增设了 50 多个分社，目前在境外设有约 180 个分支机构，数量居世界各大通讯社之首。《人民日报》的海外驻站数目在全球报业机构中首屈一指。其他中央媒体也根据自身实际，借力融合发展，纷纷打造多语种的全媒体平台或产品，积极扩大传播的覆盖面和到达率，有效提升了中国媒体的国际影响力。

2016 年 12 月 31 日，中国国际电视台（中国环球电视网，简称 CGTN）正式开播，这标志着我国媒体的国际传播能力建设再上一个台阶。这家新成立的全媒体机构整合了中央电视台原有的 6 个外语频道、视频通讯社和新媒体平台，按照“讲好中国故事、传播好中国声音”的要求，正在努力打造具有较强国际影响力的外宣旗舰媒体。随着媒体布局和传播平台的扩大，我国媒体的国际话语权有了很大提升，进而促进了我国国家形象和声誉的整体改善。

从根本上讲，优化战略布局的重要目标，就是打造我国国际传播的旗舰媒体。只有在战略上具有优势，才能在关键事件和问题上以我们自己的传播方式引导舆论、化解矛盾、排解不和谐因素，从而占据主动，化危为机。

我国已进入实现中华民族伟大复兴的关键阶段，我国与世界的关系正在发生着深刻变化。在这种情况下，必须统筹好国内和国际两个信息舆论场，把握好国内和国际舆论发展态势，而优化战略布局、打造国际传播旗舰媒体将有助于我们在国际社会更好地发出中国声音，讲好中国故事，使我国的国际传播更加富有中国特色、中国风格和中国气派，让世界更好地了解真实可信的中国。

优化战略布局、打造我国国际传播的旗舰媒体是一个系统工程，既包括媒体本身的规模及在世界各地的布点，又包括媒体从业人员的思想水平和业务能力，必须在各个方面都有创新亮点，才能真正达到优化的效果并成为旗舰媒体。

二、优化战略布局，提高道义感召力

2014 年 7 月，习近平提出了“坚定不移提高道义感召力”的理念，倡议金砖国家联合起来，主持公道，弘扬正义，放大在国际事务中的“正能量”。① “道义感召力”概念的提出，符合以“恒久道义”为核心、以软实力为手段逐步取代以“既得利益”为核心、以硬实力为手段的历史潮流。它有助于我们更好地认清当前我国对外传播和国际传播中的“短板”，从而为我们开展“大国外宣”和强化国家战略传播机制开辟新的方向，谋划新的路径。

在国际传播中，从战略上进行布局打造旗舰媒体的一个重要目标，就是要提高我国对外传播和国际传播的道义感召力，提升我国在全球舆论场中的影响力，向世界展示真实、立体、全面的中国，树立我良好国家形象。

我们的对外传播和国际传播要在充分考量国家内政外交政策的基础上，秉持“提高道义感召力”的理念，善于传播类似“中国梦既是中国人民追求幸福的梦，也同各国人民追求幸福的梦想相通。国家好、民族好，大家才会好。世界好，中国才会好。中国坚持走和平发展道路，是世界繁荣发展的正能量”② 这样的理念，就可以避免在传播中出现由于理念不清晰而产生的简单生硬现象，也会避免陷入西方主流媒体预设的“国强必霸”

① 习近平：《新起点 新愿景 新动力——在金砖国家领导人第六次会晤上的讲话》，《人民日报》2014 年 7 月 17 日。
② 《习近平谈治国理政》，外文出版社 2014 年版，第 64 页。

的话语陷阱之中。

我国国际传播在提高道义感召力、提升战略传播能力的方式和方法上，可以运用“议题管理”理论，根据国际舆情变化和目标国受众的实际需要，从以下几方面开展工作：

一是要以国际公共事务为切入点，以“中国方案”为载体，向国际社会传播我国在参与全球治理上所起的积极作用和构建“人类命运共同体”的目标，增强我国的“道义感召力”。

我国媒体要重点传播我国领导人提出的构建“人类命运共同体”的理念，同时及时传播中国有关打击恐怖主义、限制核武器和生化武器、气候变化全球治理等重大国际关切所作出的及时回应，及时传播在白皮书、新闻发布会和微访谈等多种平台上表明的立场，为人类共同福祉、参与完善全球治理机制，尤其是反映发展中国家的价值观念和合理诉求所作出的贡献，增强我国的“道义感召力”。

二是要以周边区域合作为重点，以中华传统文化价值观为载体，传播“和谐共生”的道义基础。

周边区域国家与我国共享文化和价值观。“一带一路”倡议的全面实施和“讲信修睦、合作共赢、守望相助、心心相印、开放包容”的中国—东盟共同体等合作机制的深入开展，都体现了我国发展区域合作的崭新思路，获得了相关各国的积极响应，可以通过传播这些理念和举措增强我国对周边国家的“道义感召力”。

三是要以“中国发展道路”为载体，提高我国对发展中国家的道义感召力。

经济发展是广大发展中国家最为关心的问题，中国发展道路是发展中国家关注的焦点。我国的国际传播应根据广大发展中国家的实际需要，有针对性地传播中国发展的经验与理念，展示中国发展的动力与活力，阐明中国发展的空间与走向，从而为维护和发展开放型的世界经济，推动实现国与国之间经济领域的合作、互利、共赢作出贡献。在当前，亟须建立起金砖国家和“一带一路”沿线国家的信息和传播联动机制，在国际新闻舆论场上共同对抗西方发达国家的话语霸权，共同为发展中国家的发展创造良好的国际舆论环境。

思考题

1. 结合你所搜集和了解的相关情况或媒体的工作实践，谈谈你对我国对外传播和国际传播现状及问题的认识。

2. 为什么说中国特色社会主义国际传播观是马克思主义新闻观与中国新闻传播实际相结合的产物?

3. 请以“全球、全民、全媒”为切入点，谈谈我国对外传播和国际传播应如何践行“讲好中国故事、传播好中国声音”的要求。

4. 结合本讲关于国际传播“战略”和“战术”的相关知识，选取一个主题（如“中国梦”“一带一路”等），谈谈如何实现我国对外传播和国际传播理念与实践上的发展和创新。

参考书目

1.《马克思恩格斯选集》1—4 卷，人民出版社 2012 年版。

2.《共产党宣言》，《马克思恩格斯选集》第 1 卷，人民出版社 2012 年版。

3.《在马克思墓前的讲话》，《马克思恩格斯选集》第 3 卷，人民出版社 2012 年版。

4.《马克思和〈新莱茵报〉(1848—1849 年)》，《马克思恩格斯选集》第 4 卷，人民出版社 2012 年版。

5.《列宁选集》1—4 卷，人民出版社 2012 年版。

6.《党的组织和党的出版物》，《列宁全集》第 12 卷，人民出版社 2017 年版。

7.《毛泽东选集》(四卷本)，人民出版社 1991 年版。

8.《毛泽东新闻工作文选》，新华出版社 1983 年版。

9.《中国共产党新闻工作文件汇编》(三卷本)，新华出版社 1980 年版。

10.《邓小平文集》(三卷本)，人民出版社 2014 年版。

11.《邓小平论新闻宣传》，新华出版社 1998 年版。

12.《江泽民文选》(三卷本)，人民出版社 2006 年版。

13.《胡锦涛文选》(三卷本)，人民出版社 2016 年版。

14.《习近平谈治国理政》(第二卷)，外文出版社 2017 年版。

15. 本书编写组：《习近平新闻思想讲义》(2018 年版)，人民出版社、学习出版社 2018 年版。

16. 新华社国家高端智库：《习近平新闻舆论思想要论》，新华出版社 2017

年版。

17. 吴冷西：《忆毛主席——我亲自经历的若干重大历史事件片段》，新华出版社 1995 年版。

18. 邵华泽：《马克思主义新闻观及其在当代中国的运用和发展》，人民出版社 2009 年版。

19. 本书编写组：《实践中的马克思主义新闻观》，高等教育出版社 2015 年版。

20. 郑保卫：《新闻理论新编》(第二版)，中国人民大学出版社 2015 年版。

后　记

《马克思主义新闻观十二讲》是由中宣部、教育部共同组织编写的。本书从 2014 年立项到 2019 年出版，历时 5 年，由来自全国十几所新闻院校和科研机构的 13 位知名专家学者共同撰写，是集体智慧的结晶。

本书由中国人民大学新闻学院郑保卫教授作为首席专家和主编，负责项目研究和书稿写作的统筹、策划和组织工作，以及序言、后记撰写和书稿统稿工作。重庆大学新闻学院名誉院长马胜荣教授和南京大学新闻传播学院丁柏铨教授作为副主编，协助主编参与书稿的统稿工作。马胜荣教授一开始负责最后一讲“做党和人民放心的新闻工作者”的写作，后来书稿内容调整，该讲内容并入其他部分。

本书写作具体分工如下：

第一讲，中国人民大学新闻学院郑保卫教授；

第二讲，北京大学新闻与传播学院陈开和教授；

第三讲，华中科技大学新闻与信息传播学院刘洁教授；

第四讲，中国人民大学新闻学院郑保卫教授；

第五讲，南京大学新闻传播学院丁柏铨教授；

第六讲，中国传媒大学新闻学院唐远清教授；

第七讲，复旦大学新闻学院张涛甫教授；

第八讲，兰州大学新闻与传播学院樊亚平教授；

第九讲，武汉大学新闻与传播学院单波教授；

第十讲，郑州大学新闻传播学院汪振军教授；

第十一讲，中国社会科学院新闻与传播研究所助理研究员叶俊、首都经贸大学文化与传播学院毛琦副教授；

第十二讲，清华大学新闻与传播学院史安斌教授。

本书是写作组全体成员勠力同心、集思广益、共同努力的结果。因时间和学识等各方面原因，本书难免存在疏漏之处，敬请各位读者，特别是使用本教材的老师和同学们批评指正。

最后，本书的顺利出版，要特别感谢中宣部新闻局、教育部高等教育司等有关领导的指导和支持，感谢高等教育出版社的支持与配合。

本书编写组

2019 年 1 月 5 日